*

Your work is not to drag the world
kicking and screaming into a new awareness.
Your job is to simply do your work -
sacretly, secretly and silently -

and those with
'eyes to see and ears to hear'
will respond.

The Arcturians

*

Die Botschaft der Tiere

der Weg zurück zu uns selbst

ein Wegweiser durch unsere Zeit

Antonia Katharina Tessnow

Bibliografische Information der Deutschen Nationalbibliothek:
Die Deutsche Nationalbibliothek verzeichnet diese Publikation in der Deutschen Nationalbibliografie; detaillierte bibliografische Daten sind im Internet über http://dnb.dnb.de abrufbar.

TWENTYSIX – Der Self-Publishing-Verlag
Eine Kooperation zwischen der Verlagsgruppe Random House und BoD – Books on Demand

© 2020 Antonia Katharina Tessnow

Herstellung und Verlag:
BoD – Books on Demand, Norderstedt

ISBN: 9783740733117

*

Everyone,
no matter how big and strong,
could use a little help sometimes.

Never be afraid to ask for help
when you need it.
What are we here for,
if not for each other?

unbekannt

*

Leitfaden

Worum es geht

Teil I

Ein Überblick
- Kriege
- Massenvernichtung
- Bio-Kraftstoffe
- Alternativen

Rendite um jeden Preis?
Gentechnik, oder: Eine ganz neue Form des Kriegsgewinns?
Synthetisch hergestellte Chemikalien in fester und flüssiger Form
Müll
Überbevölkerung und unser Umgang miteinander
Cybermobbing und –krieg als Vorstufe zur Eskalation

Die Folgen

Klima und Umweltschutz
Wasser
Luft
Fossile Brennstoffe
Chemische Waffen und uran-angereicherte Munition
Atomkrieg

Teil II

Der Mensch – allein im Universum?
Warum wir hier sind
Gott - der Urheber des Lebens?
Anmerkung
Das Element des Ewigen
Was wir denken, fühlen und ausstrahlen, wird unsere Realität

Teil III

Die Natur – Spiegel des Lebens
Es sind ja 'nur' Tiere
Angst
Vorsorge für die Krise
Der Tod oder: Unsere Seelenheimat
Vertrauen – der Schlüssel zu allem
Das Sehen
Das Geheimnis der Tierwelt
Die Essenz uralten Wissens der Tiere
Die Botschaft der Tiere
Der Weg nach Hause
Frieden – die Grundlage für alles

Quellenverzeichnis
Tipps zur Recherche + relevante Suchbegriffe zum Thema
Zur Autorin

Worum es geht

Es liegt mir fern zu behaupten, hier ein wissenschaftlich detailliertes Werk zu präsentieren. Dieses Buch ist keine Beschreibung biologischer Funktionen oder konkreter Eigenschaften unterschiedlicher Tierarten; es ist auch keine Abhandlung über Chemie, keine Analyse politischer oder sozio-ökonomischer Gesellschaftsordnungen, worüber es schon einige fundierte Werke auf dem Markt gibt; und es ist nicht mein Anliegen, auf jede einzelne Problemkonstellation im Detail und jede Spezies im Konkreten einzugehen und mir anzumaßen, ich könnte mich auf eine Stufe mit hochstudierten Biologen, Naturwissenschaftlern, Historikern oder Friedensforschern stellen. Das kann ich nicht.

Doch ich habe viele Jahre mit Pferden gearbeitet, meinen High-School-Abschluss in Amerika absolviert, bin Heilpraktikerin, Tierheilpraktikerin und habe ein abgeschlossenes Studium der ganzheitlichen Psychologie. Während meines anschließenden 3-jährigen Aufenthaltes in Indien und den USA habe ich energetische Heilsitzungen und Rückführungen in frühere Leben geleitet. Auch Doktorate in Akupunktur und Homöopathie habe ich nach abgeschlossenem Zusatzstudium von einer Uniklinik in Sri Lanka verliehen bekommen, beides Gebiete der Naturheilmedizin, die - ebenso wie die Reinkarnationstherapie - zu einem ganzheitlichen Verständnis des Lebens und der Welt beitragen. Doch auch das ist nicht entscheidend. Denn weder ein Studium noch eine Ausbildung oder das Lesen unzähliger Bücher sind notwendig, um zu sehen, dass mit unserem Umgang miteinander, mit der Welt und der Gesellschaft etwas nicht stimmt.

Dieses Buch soll eine ganzheitliche Betrachtung unserer Zeit eröffnen, die so einfach und verständlich wie möglich gehalten ist. Es soll - ohne einen Anspruch auf Vollständigkeit erheben zu wollen - einen leicht-verständlichen Überblick über *einige,* bei Weitem nicht alle Bereiche geben, die am meisten von uns Menschen in Mitleidenschaft gezogen und so prägnant sind, dass sie jeder sehen und nachvollziehen kann, der sich auch nur ansatzweise mit der Materie befasst.

Gerade in der heutigen Zeit treten viele warnende Stimmen in die Öffentlichkeit und kritisieren unser bestehendes System, das ganz offensichtlich auf die herkömmliche Weise nicht mehr lange existieren kann und wird. Weder wirtschaftlich, ökologisch noch politisch können wir uns weiter in die Richtung entwickeln, in die es augenblicklich geht. Jedenfalls nicht, wenn wir den Grundsätzen eines freien und selbstbestimmten Lebens gerecht werden wollen und Leben ganz allgemein auf diesem Planeten erhalten und lebenswert gestalten möchten.

Die absolute Lösung scheint es nicht zu geben. Ich wünschte, ich hätte sie, doch auch ich habe sie nicht. Allerdings fand ich ein paar sehr konstruktive Inspirationen und dieses Buch soll ein kleiner Baustein zu den vielen, bestehenden Lösungsansätzen für unsere Zeit sein, die von vielen Seiten heute gesucht werden und zum Teil schon gefunden wurden.

Die Botschaft der Tiere zeigt einen Weg, der ganz neu ist und der bisher noch nirgends eröffnet wurde. Darin könnte für den Einzelnen ein möglicher Denkansatz liegen und vielleicht dem einen oder anderen einen Anstoß geben, in eine ganz neue Richtung zu schauen, denn ich glaube, die Lösung, nach der wir suchen, ist gar nicht so weit von uns entfernt, wie wir mitunter meinen. Sondern sie liegt vielmehr direkt vor uns und wir können sie nur nicht sehen, weil wir einfach nicht in diese Richtung schauen.

Teil I

Ein Überblick

Auf unserer Welt liegt vieles im Argen. Das fällt mittlerweile selbst denen auf, die aus unterschiedlichsten Gründen eigentlich gar nicht richtig hinschauen, egal ob sie nun mit ganz anderen Dingen beschäftigt sind oder überhaupt nicht wirklich wissen wollen, was los ist - weil es Angst macht, bedrängend wirkt, zu viele Fragen aufwirft und die Zukunft noch erdrückender und unsicherer erscheinen lässt, als sie ohnehin schon ist. Es gibt viele, die einfach deswegen wegsehen, weil sie das, was hier abläuft, nicht mehr ertragen und darüber hinaus keine Ahnung haben, was sie als Einzelner tun können, um irgendetwas zu verändern. Verständlich. Doch jeder weiß, oder hat zumindest schon einmal gehört, dass es 'kurz vor Zwölf' ist, dass 'wir am Abgrund stehen', und dass wir 'mit den menschlichen Gesellschaften der Welt umgehen, als hätte ihr Leben überhaupt keinen Wert'. Was ist hier wirklich los? Wo stehen wir heute?

- Kriege

Die bisher augenscheinliche Nummer eins der Zerstörung und Unmenschlichkeit auf unserem Planeten. Trotz weitreichenden Informationen und Internet ist es den Regierenden und denen, welche dem regierenden System den finanziellen Unterbau bieten, möglich, Megaevents zu installieren und als Vorwand zu missbrauchen, andere Länder mit sogenannten Vergeltungskriegen zu überziehen, die in Wahrheit Rohstoffkriege sind; das weiß heute jedes Kind.

Die langjährige Theorie, dass die USA sowohl den 11. September als auch angebliche 'Massenvernichtungswaffen' des Irak dazu nutzen, um sich Öl und Gas im Nahen Osten zu sichern, belegt folgendes Zitat von Jared Kushner, dem Schwiegersohn Donald Trumps, im Oval Office zum Abschluss des Abraham-Abkommens im Sommer 2020, dem Friedensabkommen zwischen Israel und den Vereinigten Arabischen Emiraten:

"... Denn in Amerika hatten wir in der Vergangenheit eine große Abhängigkeit bei Gas und Öl. Dank Ihrer Führung ist Amerika jetzt energieunabhängig, das haben wir nicht mehr. Aber viele amerikanische Soldaten haben für die Sicherung unserer Verbündeten in dieser Region

(dem Nahen Osten) gekämpft. Und wenn wir dort mehr Frieden schaffen, verringert sich unser Bedarf als Land so viele Soldaten in dieser Region zu haben und verringert sich unser Bedarf, so viele Konflikte in dieser Region zu haben."

(Siehe: Trump und das Abraham Abkommen - 'Nichts ist wichtiger als Frieden')

Es waren und sind Rohstoffkriege, die dem Erhalt des Wohlstandes der 'Ersten Welt' dienen und nicht nur ganze Städte, sondern auch viele tausend Jahre alte Kulturen zerstören - von dem menschlichen, tierischen und pflanzlichen Leben, was dabei ausgelöscht wird, ganz zu schweigen. 'Kollateralschäden' werden jedoch billigend in Kauf genommen, wenn sich die Eroberung der *natural Resources, dt. Bodenschätze,* am Ende und unter dem Strich rechnet.

Es wird immer offensichtlicher, dass Unmenschlichkeit und Grausamkeit anderen Völkern gegenüber die Grundlage dafür sind, den Luxus einiger weniger zu erhalten. Das alles wäre halb so schlimm - doch auch dann noch eine totale Katastrophe - wenn diese Kriege konventionelle Kriege mit konventionellen Waffen wären. Doch das sind sie nicht. Es wird uran-angereicherte Munition eingesetzt, die auf unzählige Jahre große Gebiete verseucht und praktisch unbewohnbar macht; Es kommen

Napalmbomben zum Einsatz; es wird Giftgas verwendet und Trinkwasser verseucht.

Drohnen werden per Computer gesteuert, mit Bomben bestückt und per Mausklick abgefeuert. Political Hitman werden losgeschickt um andere Länder in die Verschuldung und damit die Abhängigkeit zu treiben. Regierungen werden gestürzt und gleichzeitig Geschäfte mit Ländern gemacht, die all die selben Gräueltaten begehen und ihre Bevölkerung ebenso unterdrücken und schrecklicher Ungerechtigkeit aussetzen wie jene, die aus eben diesen *Verbrechen gegen die Menschlichkeit* bombardiert werden.

Und all das ist nur ein winziger Ausschnitt der heutigen Situation und längst nicht alles. Es ist absurd. Es ist irrwitzig! Und der größte Wahnsinn ist: Wir können uns über all diese Dinge und ihre weitreichenden Folgen überall informieren! Es gibt Berichte, Dokumentationen und unzählige Bücher über jedes beliebige Thema. Das Internet ist offen für alle und geflutet mit Informationen, die von überall her zugänglich sind. *Wir wissen alle, was hier abläuft!*

Wie kann man aber nun, inmitten solch ausgeuferter Willkür noch die Hoffnung haben, dass es langfristige Lösungen geben kann? Und nicht die nächsten Machthaber daherkommen, die alle Friedensabkommen und Versuche, einzelnen Ländern ihre Unabhängigkeit zurück zu geben, wieder zunichte machen?

Jeder möchte vor soviel Grausamkeit und willkürlicher Zerstörung doch nur noch die Augen schließen und sich wünschen, dass dies alles entweder nicht wahr oder möglichst schnell vorbei geht. Auch das ist verständlich, wenn auch leider eine aus Hilflosigkeit geborene, stille Duldung all dessen, was geschieht - weswegen alles immer so weitergehen wird, wie bisher.

*

Die Idee,
dass einige Leben mehr wert sind als andere,
ist der Grund allen Übels auf der Welt.

Paul Farmer
Anthropologe

*

- Massenvernichtung

Gibt es die eigentlich? Gibt es tatsächlich ein Land, eine Regierung, einen Entscheidungsträger, schlicht Menschen, die Massenvernichtung betreiben oder zulassen? Von ihr wissen und sie dulden?
Ja, die gibt es. *Und zwar uns*. Wenn wir einmal von den heutigen Peace-Keeping-Operations, also illegalen Kriegen und der Bombardierung via Drohnen von Menschen anderer Nationen absehen, müssen wir uns nur einmal unsere Ernährung anschauen.
Die westliche Welt verbraucht tausende Tonnen Fleisch im Jahr, und das nicht aus purer Notwendigkeit, sondern aus einer anerzogenen Selbstverständlichkeit heraus, aus dem Irrglauben, man *muss* tote Tiere essen, um gesund leben zu können. Es sollte jedem klar sein, dass die Massen an Fleisch, die wir essen, irgendwo herkommen müssen. Jeder Supermarkt ist voll von Fleisch. Jede Fleischtheke ist prall gefüllt.
Im allgemeinen Sprachgebrauch beschreibt der Begriff 'Massenvernichtung' zwar den Menschen-Genozid, da Tiere ja angeblich keine bewussten Wesen sind; dass diese Ansicht jedoch falsch ist, ist mittlerweile bekannt. Somit ist der Begriff 'Massenvernichtung' auch auf Tiere anzuwenden, denn sie sind empfindende und fühlende Lebewesen, genau wie wir.

Den Verzehr von Fleisch zu propagieren und zu verharmlosen, ihn als 'normal' zu deklarieren und als täglich notwendigen Bestandteil bald jeder Mahlzeit zu erklären, ist schon lange nicht mehr zeitgemäß. Unter anderem aus folgendem Grund:
- Um ein Tier - egal ob Rind, Schwein oder Geflügel - lange genug zu füttern, bis es schlachtreif ist, verbraucht es sehr viel Getreide. Würde man all dieses Getreide nehmen, könnte man aus den daraus resultierenden Nahrungsmitteln wesentlich mehr Menschen versorgen, als es *das* Fleisch tut, das nach der Schlachtung von einem jahrelang mit Getreide gefütterten Tier zur Verfügung steht. Es werden also Nahrungsmittel zur Mast von Tieren eingesetzt, die viel mehr Menschen ernähren könnten, als das aus der Schlachtung resultierende Fleisch.

Da auch in diesem Wirtschaftszweig die Konkurrenz groß ist, Fleisch aus umliegenden Ländern eingeführt wird und die Preise für das rohe Kilo auf dem freien Markt *der* bestimmt, der das billigste Angebot macht bzw. machen kann, wird natürlich an anderen Enden gespart.

Die Legende von der glücklichen Kuh und dem fröhlichen Huhn ist mittlerweile eine Vorstellung, die vielleicht noch in den Köpfen einiger Fantasten existiert, aber sicher keine Realität ist. Und selbst sollte vereinzelt ein Tier ein angenehmes Leben haben - der Weg zum

Schlachthof, die Todesangst des einzelnen Tieres, die Panik und die anschließende, vom Tier längst realisierte, ihm bevorstehende Exekution, ist allen gleich. Ob Bio-Kuh oder massengehaltenes Geflügel, sie alle werden auf die selbst Weise zum Schlachthof transportiert und der gleichen Prozedur unterzogen. Ohne Ausnahme.

Dies bewirkt entsprechende Ausschüttung von Angst- und Stresshormonen. Die Todesangst der Tiere durchzieht ihren gesamten Körper bis in die letzte Faser und landet am Ende auf unserem Teller. Egal, wo es vorher einmal gelebt hat.

*

Mensch, erhebe dich nicht über die Tiere.
Sie sind sündlos,
du aber mit deiner Erhabenheit
befleckst die Erde.

Fjodor Michailowitsch Dostojewski
russischer Schriftsteller

*

Massenvernichtung wird täglich betrieben. Und zwar in der westlichen Welt. Von uns. Die östlichen Länder haben ganz andere Ernährungsgewohnheiten. Dort gibt es keine Massentierhaltung und keine daraus resultierende Massenvernichtung, da sich viele Kulturen traditionell vegetarisch ernähren. Vegetarismus ist nicht nur eine Glaubensfrage, sondern auch eine Frage der Verantwortung.

*

Jesus befreit die Tiere

Einen Tag, nachdem Jesus Seine Rede beendet hatte, geschah es an einer Stelle bei Tiberias, wo sieben Quellen sind, dass ein junger Mann Ihm lebende Kaninchen und Tauben brachte, damit Er sie mit Seinen Jüngern verzehre.

Und Jesus blickte den jungen Mann liebevoll an und sprach zu ihm: 'Du hast ein gutes Herz, und Gott wird dich erleuchten; aber weißt du nicht, dass Gott am Anfang dem Menschen die Früchte der Erde zur Nahrung gab und ihn dadurch nicht geringer machte als den Affen oder den Ochsen oder das Pferd oder das Schaf, daß er seine Mitgeschöpfe tötet und ihr Fleisch und Blut verzehrt?

Ihr glaubt, dass Moses zu Recht befahl, solche

Geschöpfe zu opfern und zu verzehren, und so tut ihr es im Tempel; aber siehe, ein Größerer als Moses ist hier und kommt, die Blutopfer des Gesetzes und die Gelage abzuschaffen und wieder herzustellen die reine Gabe und das unblutige Opfer, wie es im Anfange war, nämlich Körner und Früchte der Erde.

Lasset daher die Geschöpfe frei, dass sie sich in Gott freuen und die Menschen nicht in Schuld bringen.' Und der Jüngling setzte sie frei, und Jesus zerriss ihre Käfige und ihre Fesseln.

Doch, siehe, sie fürchteten, wieder eingefangen zu werden, und wollten nicht weg von Ihm. Aber Er sprach zu ihnen und hieß sie gehen, und sie gehorchten Seinen Worten und enteilten voll Freude.

aus: Das Evangelium des vollkommenen Lebens, oder auch: Das Evangelium Jesu, 28, 1 - 6

*

Die Bibel lehrt an vielen Stellen den Vegetarismus. Die Kirche und ihre Dogmen, selbst dann, wenn diese der Lehre der Heiligen Schrift widersprechen und schlicht auf irgendwelchen Konzilien beschlossen wurden, tragen maßgeblich zum Leid der Tiere auf unserer Welt bei.

Schon in der Schöpfungsgeschichte wird uns überliefert, was als Nahrung für den Menschen vorgesehen war. Dort steht nicht etwa *'Tötet die Tiere und esst ihre Leichenteile!'* sondern:

Gott sprach:
Sehet da, ich habe euch gegeben alle Pflanzen, die Samen bringen, auf der ganzen Erde, und alle Bäume mit Früchten, die Samen bringen, zu eurer Speise.

Genesis 1,29

Der Vegetarismus wäre eine zusätzliche Maßnahme um das weitere Leben auf diesem Planeten für uns alle auch weiterhin zu ermöglichen und viel Leid und Qual von dieser Welt zu tilgen.

***

Was soll mir die Menge eurer Opfer? spricht der HERR. Ich bin satt der Brandopfer von Widdern und des Fetten von den Gemästeten und habe keine Lust zum Blut der Farren, der Lämmer und Böcke.

Wenn ihr hereinkommt, zu erscheinen vor mir, wer fordert solches von euren Händen, daß ihr auf meinen Vorhof tretet?

Bringt nicht mehr Speisopfer so vergeblich! das Räuchwerk ist mir ein Greuel! Neumonde und Sabbate, da ihr zusammenkommt, Frevel und Festfeier mag ich nicht!

Meine Seele ist feind euren Neumonden und Jahrfesten; ich bin ihrer überdrüssig, ich bin's müde zu leiden.

Und wenn ihr schon eure Hände ausbreitet, verberge ich doch meine Augen vor euch; und ob ihr schon viel betet, höre ich euch doch nicht; denn eure Hände sind voll Blut.

(Jesaja 1, 11-15)

Prof. Dr. theol. Dr. h.c. Erich Grässer, em. Ordinarius für Neues Testament an der Universiät Bonn sagte in einer Rede:

"Was ist mit Kirche und Tierschutz? Ich muss an dieser Stelle deutlich werden: Wenn einst die Geschichte unserer Kirche geschrieben wird, dann wird das Thema `Kirche und Tierschutz´ im 20. Jahrhundert dann ein ebenso schwarzes Kapitel darstellen wie das Thema 'Kirche und Hexenverbrennung´ im Mittelalter'."

***

Die westlichen Länder, die jahrelang andere Gebiete mit Krieg überzogen und meinten, diese Länder 'demokratisieren' zu müssen, bringen im Anschluss die Massenvernichtung gleich mit. Denn die großen Food-Chains, die in der westlichen Welt seit vielen Jahrzehnten den Markt fest im Griff haben, wollen sich natürlich auch dort ihre Standorte sichern. Und das bedeutet in der Konsequenz: Haltung und Vernichtung von Massen.

*

Die Größe
und den moralischen Fortschritt einer Nation
kann man daran messen,
wie sie ihre Tiere behandelt.

Mahatma Gandhi
indischer Widerstandskämpfer und Revolutionär

*

*

Jesus heilt ein Pferd

Es geschah, dass der Herr aus der Stadt zog und mit Seinen Jüngern über das Gebirge ging. Und da kamen sie an einen Berg mit sehr steilen Wegen. Dort begegneten sie einem Mann mit einem Lasttier.

Das Pferd aber war zusammengebrochen, denn es war überlastet. Der Mann schlug es, bis das Blut floss. Und Jesus trat zu ihm hin und sprach: 'Du Sohn der Grausamkeit, warum schlägst du dein Tier? Siehst du denn nicht, dass es für seine Last viel zu schwach ist, und weißt du nicht, dass es leidet?'

Der Mann aber erwiderte: 'Was hast Du damit zu schaffen? Ich kann mein Tier schlagen, so viel es mir gefällt; denn es gehört mir, und ich kaufte es für eine schöne Summe Geldes. Frage die, die bei Dir sind, sie sind aus meiner Nachbarschaft und wissen es.'

Und einige von den Jüngern antworteten und sagten: 'Ja, Herr, es ist so, wie er sagt, wir waren dabei, als er das Pferd kaufte.' Und der Herr erwiderte: 'Sehet ihr denn nicht, wie es blutet, und höret ihr nicht, wie es stöhnt und jammert?' Sie aber antworteten und sagten: 'Nein, Herr, wir hören nicht, dass es stöhnt und jammert!'

Und der Herr wurde traurig und sprach: 'Wehe euch, der Stumpfheit eures Herzens wegen hört ihr nicht, wie es klagt und schreit zu seinem himmlischen Schöpfer um Erbarmen, und dreimal Wehe über den, gegen den es schreit und stöhnt in seiner Qual!'

Und Er schritt weiter und berührte das Pferd, und das Tier erhob sich, und seine Wunden waren geheilt. Aber zu dem Manne sprach Er: 'Gehe nun deinen Weg und schlage es künftig nicht mehr, wenn auch du Erbarmen zu finden hoffest.'

Und da Er das Volk herankommen sah, sprach Jesus zu Seinen Jüngern: 'Des Kranken wegen Bin Ich krank, des Hungrigen wegen leide Ich Hunger, des Durstigen wegen leide Ich Durst.'

8. Und Er sagte auch: 'Ich Bin gekommen, die Opfer und die Blutfeste abzuschaffen. Wenn ihr nicht aufhören werdet, Fleisch und Blut der Tiere zu opfern und zu verzehren, so wird der Zorn Gottes nicht aufhören, über euch zu kommen; ebenso wie er über eure Vorfahren in der Wüste gekommen ist, die dem Fleischgenusse frönten und von Fäulnis erfüllt und von Seuchen aufgezehrt wurden.

aus: Das Evangelium des vollkommenen Lebens, oder auch: Das Evangelium Jesu, 21, 1 - 8

*

- Bio-Kraftstoffe

Die sogenannten 'Bio-Kraftstoffe' verarbeiten Getreide, vorzüglich Mais, um das Autofahren in der ersten Welt umweltschonender zu gestalten. Dafür werden riesige Flächen Ackerland in der dritten Welt aufgekauft, seit 2005 vorzugsweise in Brasilien. Den dort ansässigen Bauern wird verboten, das Getreide, für dessen Anbau sie ziemlich schlecht bezahlt werden, an die eigene Bevölkerung zu verkaufen. Die Erträge werden nämlich in die erste Welt verschifft, damit wir 'sauber' leben können. 'Modern Colonialism' nennt man diese Art des Vorgehens, auch betitelt mit dem schlichten Slogan: 'Tank oder Teller'.

Sam, an dessen Seite ich drei Jahre meines Lebens verbrachte, war Investmentbanker, weswegen ich auf der einen Seite ein Herz für Banker habe, auf der anderen genügend abendliche Tischgespräche und Geschäftsabschlüsse mitbekommen und -erleben konnte, um aus allererster Hand zu wissen, wohin die Entscheidungsträger das wirtschaftliche Schiff diesbezüglich steuern wollen.

Sam war ein gebürtiger Inder und lebte, als wir uns kennenlernten, mittlerweile seit 20 Jahren in den USA. Er war damals gerade dabei, sich für den Einbürgerungstest der USA vorzubereiten. Kurze Zeit später erhielt er die amerikanische Staatsbürgerschaft. Im Zuge eines mit vier weiteren Partnern gegründeten Investment-Fonds war er im Begriff, von der Finanzmetropole Amerikas, New York, in die Finanzmetropole Indiens überzusiedeln, Bombay, dem heutigen Mumbai, dem zweitgrößten Slum der Welt. Gleich hinter Rio de Janeiro.

Der Fond investierte in Private Equity. Sie fanden Investoren in Amerika, um in die indische Wirtschaft zu investieren. Harvard, Yale, die University of California und einige der reichsten Menschen der Welt, die unter den Top 50 auf der Forbes-Liste rangieren, waren ihre Geschäftspartner und nicht selten unsere abendlichen Gäste. Sam nahm mich zu Meetings mit, zu denen er quer durch Indien reiste, um gewisse 'Building-Sites' zu präsentieren oder sich Unternehmen anzuschauen, in die dann entweder investiert wurde oder eben nicht.

Das Aufkaufen von großen Flächen Ackerland, wie es gerade in den armen Ländern unserer Welt geschieht und das für die Biogasanlagen bebaut wird, wurde oft genug in meinem Beisein besprochen. Die Folgen dieser Investments bedingen in den betroffenen Ländern einen Anstieg der Lebensmittelpreise. Die Armen, die bis dahin gerade noch überleben konnten, können es immer weniger und irgendwann gar nicht mehr. Die Zahl der Verhungernden auf der Welt steigt stetig. Die

Produktion von Bio-Ethanol, landläufig bekannt unter dem Begriff 'Bio-Diesel', trägt maßgeblich dazu bei. An unseren Tankstellen findet man es unter dem landläufigen Begriff E10.

- Alternativen

Viktor Schauberger erzählte vor vielen Jahrzehnten schon, dass wir statt Explosions-Implosionsmotoren brauchen und auch bauen könnten - wir tun es nur nicht. Das YouTube-Video unter dem Titel *'Ihr bewegt falsch'* gibt hierzu einen Überblick. Ebenfalls effektiv wären sogenannte Magnet-Motoren. Die gibt es sogar schon. Die Forderungen, in diese Richtung weiter zu forschen, das bereits Vorliegende auch zuzulassen und weitere Entwicklungen voran zu treiben, werden leider nicht gehört. Sicher könnten wir auf diesem Gebiet schon viel weiter sein, wenn wir diesem auch nur annähernd so viel Aufmerksamkeit schenken würden, wie der Konstruktion moderner Kriegs-Ausrüstung.
Dass elektrobetriebene Motoren nur auf den ersten Blick, nicht jedoch bei näherer Betrachtung die Lösung sind und obendrein eine erschreckende Energiebilanz aufweisen, welche der Schädlichkeit von Dieselmotoren um nichts nachsteht, kann weitreichend im Internet und unterschiedlichen Publikationen nachgelesen und recherchiert werden.

Es ist mir ein Rätsel, warum wir Menschen wider besseren Wissens handeln und lieber wirtschaftlichen Profit aus Bodenschätzen erwirtschaften und auf Kosten der Umwelt leben, als langfristig gewinnbringend für alle zu handeln - für uns, den Planeten und alle Geschöpfe auf ihm. Doch wir bevorzugen den wirtschaftlichen Gewinn, der ja in Wirklichkeit - angesichts der damit zwangsläufig einhergehenden Folgen - ein Verlust ist. Wir ernennen ihn zum notwendigen Zweck, der alle Mittel wie Kriege, Mord und Totschlag, Vernichtung von Lebensmittelquellen und Modern Colonialism, heiligt.

Rendite um jeden Preis?

Da jedoch die jeweiligen Investoren Rendite sehen wollen, und das nicht nur bei Investitionen rund ums Ackerland, wird natürlich hauptsächlich in Länder investiert, in denen die wirtschaftliche Dichte noch nicht so hoch ist wie in der ersten Welt, in der der Markt in vielen Bereichen schon lange übersättigt ist. Indien dagegen boomt. China boomt. Südamerika verspricht wachsende Märkte. Und natürlich all jene Länder, in denen noch keine Infrastruktur besteht, wie bei uns, die aber Geld haben - meist in Form von Bodenschätzen - mit denen sie Investoren ins Land locken können, die ihre

Unternehmen dort aufbauen, und sich somit neue Märkte zu erschließen. Ideal sind natürlich Länder, in denen es noch gar keine Infrastruktur gibt und die komplett neu aufgebaut werden müssen.

Beispiel: Die chinesische Stadt Shenzhen. Diese wurde in nur 40 Jahren aus dem Nichts erbaut. Die Süddeutsche Zeitung betitelte einen Artikel über diese nunmehr 10-Millionen-Metropole mit der Headline: *Die Stadt aus dem Nichts.* Im Zuge des Aufbaus dieser neuen Metropole schrieben viele Investoren horrende Renditen. viele neue Millionäre entstanden.

Nun gibt es jedoch in so ziemlich allen Ländern der Welt mittlerweile eine funktionierende Infrastruktur. Daher ist die einzige Möglichkeit, neue Märkte zu schaffen, erst einmal 'aufzuräumen'. Das bedeutet, man muss die Voraussetzungen dafür schaffen, Infrastruktur aufzubauen um Märkte erschaffen zu können.
Das bedeutet, Kriegstreiber - von denen die meisten selber Investoren sind oder große Investoren hinter sich haben - verdienen an der Zerstörung anderer Länder gleich zweimal:

- Einmal an den Waffenlieferungen auf beiden Seiten, weswegen es auch Sinn macht, Präsidentschaftskampagnen von Kandidaten zu bezuschussen, die entsprechende Pläne auf ihrer

Agenda haben. Denn wenn der ausgewählte Kandidat neue Pläne zur Zerstörung anderer Länder umsetzt, werden die Millionen, die vorher in eine Kampagne geflossen sind, unter 'Werbekosten' verbucht und werden sich am Ende rechnen. Die Waffenproduktion wird angekurbelt, wodurch das erste Mal Rendite von den vorher getätigten Investitionen erzielt wird, denn die Waffenprodukteure machen am Jahresende hohe Gewinne, von denen die Aktionäre ihren Teil abbekommen. Normalerweise rechnet es sich, einen Krieg so lange am Laufen zu halten, bis die Waffenindustrie den Markt 'abgegrast' hat, das heißt, keine weiteren Waffen benötigt werden, weil alles kaputt und genug Menschen tot sind.

- Nun kommen die nächsten Investoren ins Land, die Infrastruktur, Unternehmen und Lebensmittelketten ins Land bringen. Die Rohstoffe, die sowohl in den im Wiederaufbau befindlichen Ländern als auch in unseren eigenen gebraucht werden, werden von denen vertrieben, die am ehesten in der Lage sind, den Abbau zu finanzieren. Es werden daher solche sein, die entweder von den Investoren, also den Geldgebern, befürwortet oder von diesen gleich mitgebracht werden.

Gentechnik, oder:
Eine ganz neue Form des Kriegsgewinns?

Genetisch veränderte Lebensmittel oder auch genetisch veränderte Tiere, an denen herumexperimentiert wird, genetisch veränderte Düngemittel, Arzneien und Saatgut, sind die Krönung aller Handlungen wider die Natur. Von genetisch modifizierten Menschen, über die manch einer schwadroniert, ganz zu schweigen.

Es gibt Anbieter von Saatgut, aus dem Früchte hervorgehen, die nicht wieder austreiben und sich nicht selbst fortpflanzen können. Sehr 'klug'. Denn so müssen die Bauern jedes Jahr das Saatgut für die gesamte Einsaat neu kaufen. Natürlich vertraglich gebunden an entsprechende Hersteller. Eben solche Hersteller sind es auch, die den Landwirten in gerade erst zerstörten Ländern oder den Ländern der Dritten Welt - unter fadenscheinigen Argumenten wie der 'humanitären Hilfe' - ihre Produkte aufzwingen, notfalls mittels frisch erlassener Gesetze. Ein großes Geschäft für die Investoren, die auf diese Weise natürlich wiederum eine hohe Rendite für ihr investiertes Geld einstreichen können.

Doch die Genforschung ist hier noch lange nicht an ihrem Ende angelangt. Es wird weiter geforscht, und nicht nur Pflanzen, sondern auch Tiere zu Versuchszwecken herangezogen mit

dem Ziel, die daraus gewonnenen Erkenntnisse irgendwann auch an Menschen anwenden zu können.
Die neuartige RNA-Impfung, die im Jahr 2020 weltweit diskutiert wurde, ist ein Schritt in die Richtung des genetisch modifizierten Menschen.

Doch auch das Implantieren von Mikrochips, das Injizieren von Minicomputer in Form von Nanobots und das Verkabeln des Gehirns, um den Menschen direkt an das Internet anzuschließen, sind nicht bloß fixe Ideen. Diese neuartigen Technologien, die den Menschen endgültig der Natur entheben und ihn zu einer Maschine umgestalten sollen, wurden schon praktisch umgesetzt und werden heute weitreichend getestet.
Dem Menschen entsprechende Technologien praktisch zu implantieren und ihn somit steuerbar zu machen, ist nur einen winzigen Schritt von uns entfernt. Im Zuge des Projektes 'Neuralink' wurden einem Menschen schon haarfeine Drähte durch die Schädeldecke ins Gehirn gesetzt, um ihn dann mit dem Internet zu verbinden. Mit der Idee, Fähigkeiten wie Allgemeinwissen, Sprachen und Wissenschaften direkt ins Gehirn laden zu können, werden diese neuartigen Erfindungen vorgestellt und angepriesen. Dass jedoch auch jede Regierung die Steuerung übernehmen und somit die Masse

praktisch lenken kann, wird in diesem Zuge nicht erwähnt.

Diese möglichen Zukunftsszenarien liegen direkt vor uns, und wenn wir nicht aufpassen, verlieren wir als Menschen die Kontrolle über unser Leben und ehe wir es uns versehen, haben andere die Kontrolle über uns übernommen, die schon lange die Vision des 'willenlosen Sklaven' vor Augen haben. Investoren wie Elon Musk, der an Neuralink forscht, kommen da wie gerufen.

In China werden bereits Banken mit genetischem Material angelegt, vor allem von überdurchschnittlich intelligenten Menschen, bei dem sich Eltern ihr Wunschkind bestellen können, je nach Anlage und IQ. (1)

Doch spätestens seit dem Friedensabkommen, das der in den Deutschen Medien permanent heruntergeputzte Donald Trump zwischen Israel und den Vereinigten Arabischen Emiraten erwirkt hat, rücken weitere Invasionen des Nahen Ostens in weite Ferne. Die Investoren müssen sich nun neue Märkte erschließen, Neue Kriegsschauplätze auftun.

Ein mittlerweile sehr bekannter Großinvestor ist Bill Gates. Er erläuterte in mehreren Talkshows in den USA, dass er doch lediglich 1,7 % Rendite schreiben würde, investierte er 1 Billion Dollar in den S & P 500; während er im gleichen Zeitraum die selbe Summe in Impfungen investieren könnte, um eine 2000 % Rendite zu schreiben und somit sein Vermögen mit nur einem einzigen Deal zu verzwanzigfachen.

Wer nun meint, dass zu einer Investition dieser Größenordnung lediglich das Investieren einer Summe in ein oder zwei unterschiedliche Pharmaunternehmen gehört, welches dann die Impfstoffe herstellt, der irrt gewaltig. Zum Deal gehören unter anderem:

- das Patentieren gewisser Erreger, auf Grund derer man eine Weltweite Pandemie ausrufen kann; selbst dann, wenn im Zuge dessen die Kranken auf sich warten lassen und nur durch ständige Rechenkunststücke Statistiken mit Kranken und Sterbefällen erstellt werden, deren Irrwitz und Falschheit jeder Grundschüler durchschaut.

- das Einkaufen in bestimmte Verlage und visuelle Medien, deren Inhalt und Tenor im Bezuge auf Impfungen der Investor maßgeblich beeinflusst und somit die Meinung der Massen zu entscheidenden Teilen lenken kann.

- das Bereitstellen von Aufwandsentschädigungen, wie z.B. besondere Zuwendungen an Staatsoberhäupter, die man als Werbekosten verbuchen kann. Dies wird natürlich nur publik, wenn gewisse Präsidenten nicht mitspielen. So geschehen in einem afrikanischen als auch in einem russischen Land, wo die Regierenden öffentlich machten, dass der Investor Bill Gates, bzw. die von ihm maßgeblich finanzierten, entscheidungstragenden Organisationen, ihnen Millionen boten, damit sie das Land in ein Lock Down schicken und Gesetze zur Zwangsimpfung erlassen. Sie haben diese Zuwendungen verweigert und sind - zum Leidwesen des Investors - mit diesen Informationen an die Presse gegangen.

In einem anderen Land dagegen hat sich - im Zuge der sogenannten Viruskrise 2020 - der Gesundheitsminister eine Villa für viele Millionen Euro in einem der reichsten Nobelviertel der Hauptstadt gekauft. Doch ich möchte natürlich keine falschen Schlüsse ziehen. Wahrscheinlich hat er lediglich im selben Zeitraum im Lotto gewonnen und es bescheidener weise niemandem erzählt.

Leider kenne ich diese Form der Deals nur zu gut, da ich - wie oben beschrieben - viele Male anwesend war, als die Reichsten der Reichen ihre Investments mit dem Directing Manager des Investment-Fonds, der Sam damals war, besprachen. Darum ist nach meinem Empfinden das Bild, dass sich aus der angeblichen weltweiten Pandemie ergibt, für die Herr Gates - laut Medien - die Lösung hat, ziemlich eindeutig und relativ vollständig.

Dazu kommt, dass sich viele Regierungen mehr und mehr Einfluss und Kontrolle über die Bevölkerung *wünschen*. Der Digitale Gesundheitspass, der Mikrochip, das Quantum Dot Tattoo zur Kennung, sind keine Fiktionen.

Und was hat das mit Kriegsgewinnen zu tun? - Die Renditen, die im Zuge dieser Projekte geschrieben werden, entspringen schlicht dem Krieg gegen die eigene Bevölkerung. Für den Profit solcher Investoren werden die Menschen eines Landes von der Politikerkaste, die kräftig mitverdient, ans Messer geliefert.

Wer hierzu weiter recherchieren will, der suche nach den Begriffen:

ID2020 - Microsoft - Gavi, die Impfallianz

Neuralink - Starlink - Elon Musk

Auch mein Video unter dem Titel :

Ist das die Endzeit? Erfüllt sich die biblische Offenbarung? Offener Brief an Pfarrer und Prediger

fasst die Fragen zu diesem Thema, die sich im Sommer 2020 ergaben und zu diesem Zeitpunkt offen waren, gut zusammen.

Synthetisch hergestellte Chemikalien in fester und flüssiger Form

Synthetisch hergestellte Chemikalien finden sich beispielsweise in Seifen, Reinigungsmitteln und Verpackungen aller Art. Jedes Shampoo, jedes Duschgel, jede Flasche mit seifenartigem Substrat enthält 'nicht abbaubare Chemikalien', die unser Wasser auf unbestimmte Zeit vergiften, ohne absehbare Folgen. Dabei gibt es genügend Alternativen, welche die Industrie allerdings negiert, die Presse und Werbung als schlecht, rückständig und Scharlatanerie abtut und damit die öffentliche Meinung in Richtung Konsum lenkt; dem Konsum von Produkten, die nicht nur viel teurer, sondern darüber hinaus auch viel schädlicher sind, als die alternativen Reinigungsmethoden, die uns der Planet kostenlos zur Verfügung stellt. Nicht nur große Konzerne, sondern jeder einzelne von uns speist nahezu täglich synthetisch hergestellte Chemikalien in unser Grund- und Trinkwasser ein. Es ist leider ein weitverbreiteter Irrglaube, dass es 'nichts macht', wenn jeder einzelne täglich Chemikalien in unser Wasser einspeist, weil es angeblich ja 'nur' homöopathische Dosen seien, im Gegensatz zu dem, was die Großkonzerne dieser Welt anrichten. Das stimmt leider nicht. Denn die Privathaushalte sind in der Summe so viele, dass sie den nachhaltigen Schaden, den ein Großkonzern anrichtet, noch bei Weitem übertreffen. Dabei gibt es so viele andere Möglichkeiten und Wege! In meinem Buch 'HAIR - Alles über alternative Haarpflege' (2) bin ich auf dieses Thema und leicht zugängliche und anwendbare Alternativen für heutige Reinigungsprodukte eingegangen, die es seit jeher gibt und zu denen wir früher oder später zwangsläufig zurückkehren *müssen*.

Synthetisch hergestellte Chemikalien werden auch in der Landwirtschaft eingesetzt und sind massenweise in unserer Nahrung zu finden. Nicht nur in Getreide, Brot und Backwaren, sondern auch in vermeintlich 'gesunden' Nahrungsmitteln wie Obst und Gemüse. Das ganze *'processed Food'*, die konservierten Nahrungsmittel, braucht man in diesem Zusammenhang gar nicht extra aufzuführen.

Industriell hergestellter Zucker, Farbstoffe und Geschmacksverstärker gehören übrigens in diese Aufzählung mit hinein. Auch *sie* sind nichts anderes als Chemikalien und haben die selbe ungesunde Wirkung auf unser System - vom menschlichen Körper bis hin zum Ökosystem unseres Planeten - wie alle anderen Chemikalien auch. Seit vielen Jahren sind sie auf dem Vormarsch und so ziemlich überall zu finden. Und zudem werden jeden Tag Millionen Tonnen chemischer Abfälle in unser Grundwasser eingespeist, ohne dass irgendjemand die Folgen für die Umwelt - das Tierreich, das Pflanzenreich und den Menschen - absehen kann.

In dem kleinen Dorf, in dem ich lebe, ein Schildbürgerstreich aus allererster Hand: Als ich 2011 ins Alte Jagdhaus zog, hatten alle Häuser noch ihre eigenen Klärgruben mit herkömmlichem 3-Kammer-System. Das ist ein System, in dem sich das Wasser praktisch durch wiederholten Überlauf selbst reinigt. Irgendwann befand der Gesetzgeber diese Systeme als Überholt, Die große Erneuerung - sind Klärgruben, denen - vom Gesetzgeber vorgeschrieben - Chemikalien zur 'Reinigung des Wassers' beigefügt werden müssen. Oder es wird, wie es bei uns der Fall war, eine komplett neue, zentrale Abwasseranlage gebaut, in der die Chemikalien gleich konzentriert dem Abwasser beifügt werden. Abschließend wird das Abwasser, ebenso wie bei dem herkömmlichen 3-Kammer-System - nun allerdings mit Chemie angereichert - in die hiesigen Entwässerungsgräben abgeführt. Die Bauern, die seit Generationen hier ansässig sind und deren Tiere schon immer aus den Wassergräben getrunken haben klagten alsbald, dass ihr Vieh das Wasser nicht mehr trinkt. Natürlich nicht! Es ist ja nun auch durchsetzt mit Chemikalien. Zentral geregelte Umweltverschmutzung unter dem Deckmantel der revolutionären Erneuerung. Ein Skandal, wenn man einmal genauer darüber nachdenkt.

Müll

Berge aus nicht biologisch abbaubarem Müll vergiften ganze Landstriche und riesige Inseln aus Plastik schwimmen auf den Weltmeeren herum. Meerestiere und Vögel verheddern sich oder schlucken zerfallene Plastikstücke herunter. Das reicht von großen, mit bloßem Auge sichtbaren Plastikstücken bis hin zu dem sogenannten Nanoplastik. Das Ökosystem wird nachhaltig belastet und die Tiere vergiften sich - genau wie wir uns.
Kein Klärwerk kann alle Rückstände aus dem Wasser entfernen, und das gilt nicht nur für kleinste Plastikteile, sondern insbesondere auch für Medikamentenrückstände und Hormone. Wir Menschen entsorgen unseren Müll, ohne uns Gedanken zu machen, verbrauchen Chemikalien, ohne uns darüber bewusst zu sein, wie zerstörerisch sie sind, bis hin zur Lagerung von atomarem Müll, der in Fässern im Meer versenkt, in der Erde vergraben oder in Hallen gelagert wird, in dem blinden Wahnsinn, die Fässer würden sich weder zersetzen noch die Strahlung uns jemals erreichen. Nicht nur der Mensch, sondern auch Tiere vergiften sich an den Rückständen, den Dämpfen und den Giften, die in der Erde, in der Luft und dem Grundwasser - ja in unserer gesamten Atmosphäre - landen.

*

Der Mensch ist die dümmste Spezies!
Er verehrt einen unsichtbaren Gott
und tötet seine sichtbare Natur,
ohne zu wissen,
dass diese Natur, die er vernichtet,
dieser unsichtbare Gott ist,
den er verehrt.

Hubert Reeves
kanadischer Atom- und Astrophysiker

*

Überbevölkerung und unser Umgang miteinander

Wiederholt konnten wir in den vergangenen Jahren beobachten, dass wahrer Frieden zwischen einzelnen Parteien oft gar nicht gewollt wird; auch wenn man noch so sehr versucht, Kompromisse zu finden und entgegenzukommen. Viele Menschen sind *'auf Krawall gebürstet'*, wie man umgangssprachlich sagen würde.

Frieden ist im kleinen Kreis schon anspruchsvoll zu realisieren, darüber hinaus im 'Großen Ganzen' nur schwerlich umzusetzen. Vor allem in sozialen Netzwerken und öffentlichen Foren kann man das Ausarten fast jeder Konversation erleben, selbst, wenn diese mit einer einfachen Frage zu vollkommen neutralen Themen begann. Irgendjemand fängt gern einen Streit an und sucht folglich nach Gelegenheiten, um 'draufzuhauen'; unversöhnlich und kompromisslos. Da werden Vorwürfe gemacht und Beschimpfungen ausgesprochen, alles unter dem Deckmantel des Richtigen und Guten, das ein jeder meint für sich in Anspruch nehmen zu können. Und für die Durchsetzung des 'Richtigen', das ein jeder meint zu vertreten, darf auch schon mal ein anderer verbal vernichtet werden. Schließlich ist der andere ja 'der Schlechte'.

Möglicherweise besteht auch zwischen unserem rüden Umgang miteinander und dem Phänomen der Überbevölkerung ein Zusammenhang. Auch wenn nicht in allen Regionen aller Länder dieser Erde die Überbevölkerung gleich vonstattengeht und es sogar Länder gibt, in denen ein Bevölkerungsrückgang zu verzeichnen ist; das heißt nicht, dass wir in unserem kollektiven Bewusstsein nicht wissen, dass wir einfach zu viele auf diesem Planeten sind. Dies ist jedoch lediglich eine These von vielen.

Forscher haben Experimente mit Tieren gemacht, die sich - sobald es zu viele auf zu engem Raum waren - gegenseitig attackierten und sogar töteten. Dann - und zwar *nur* dann - kann man dasselbe Phänomen, das man heute unter Menschen beobachtet, auch unter Tieren feststellen: Wahlloses Draufhauen und gegenseitiges Vernichten.

Wie wir alle wissen, wächst die Bevölkerung dieser Welt stetig. Jede Sekunde zählen wir mehr als 2 Geburten, jede Minute knapp 160 und in einer Stunde beinahe 10.000. Jedes Jahr nimmt die Weltbevölkerung um mehr als 83 Millionen Menschen zu. Am 11. Juli 2016, dem Weltbevölkerungstag, lebten 7,44 Milliarden Menschen auf der Welt. (3) Prognosen sprechen davon, dass wir in der ersten Hälfte des Jahres 2017 gut 7,5 Milliarden Menschen sein werden, im Jahre 2100 gut 20 Milliarden, wenn das

Bevölkerungswachstum so ungebremst weitergeht, wie bisher. (4)

Die Erde und der Raum, der uns zur Verfügung steht, wachsen allerdings nicht. Auf Grund dieser unbezweifelbaren Tatsache ist es vorauszusehen, dass es zu einer unausweichlichen Knappheit der Ressourcen kommen wird, in Folge dessen die Probleme zwischen den Menschen massiv zunehmen werden. Und das nicht nur, weil die heute bestehende Alterspyramide aus dem Gleichgewicht gerät, die darauf aufbaut, dass es mehr junge, arbeitende Menschen gibt, die die Versorgung der älteren gewährleisten, sondern vor allem wegen der Knappheit von so ziemlich allem, was wir heute zum Leben brauchen und viel zu oft großzügig verschwenden.

Ein weiteres Anwachsen der Weltbevölkerung, wie wir sie in den letzten Jahrzehnten erlebt haben und sie uns für die Zukunft prognostiziert wird, ist weder rein rechnerisch noch ganz real möglich. Es ist völlig ausgeschlossen, dass die Menschheit weiterhin so rapide wächst. Es ist unbestreitbar logisch, dass die Menschheit nicht unendlich wachsen kann auf einem Planeten, dessen bewohnbares Land und dessen Ressourcen endlich sind.

Den Erhalt unserer Welt und eines überlebenswerten Lebens können wir nur dann erreichen, wenn zeitnah eine annehmbare Bevölkerungspolitik durchgesetzt wird. Leider kann jedoch das politische Eingreifen und der an sich gut gemeinte Versuch, das Wachstum der Menschheit aufzuhalten, neue Herausforderungen mit sich bringen, wie man an der chinesischen Ein-Kind-Politik sieht, die viele Jahre praktiziert und 2015 wieder abgeschafft wurde. Und das nicht, weil der Gedanke hinter dieser Politik per se schlecht gewesen wäre, sondern weil diese Regelung zu erheblichen sozialen Problemen geführt hat, die von der vielfachen Tötung von Mädchen über einen letztendlichen Männerüberschuss bis hin zum Kidnappen und Kaufen ausländischer Frauen reichte.

Es ist das erste Mal in der Geschichte der Menschheit, dass der Sinn des Lebens eines Individuums nicht darin besteht, eine Familie zu gründen und sein Leben der Erhaltung der Art zu widmen. Heute können wir durchaus den tieferen Sinn im Leben darin finden, uns selbst zu verwirklichen. Es besteht keine Notwendigkeit mehr, Kinder zu bekommen - weil wir genug sind.

Zudem ist es so, dass nicht überall auf der Welt die Bevölkerung gleich schnell wächst. 1950 machte die Bevölkerung Europas prozentual 15% der Weltbevölkerung aus, die Afrikas 9%, die Asiens 54% und die Nordamerikas 7%. Bis 1997 sank der Bevölkerungsanteil Europas auf 9%, der Afrikas stieg auf 13%, der Asiens auf 59% und der Nordamerikas fiel auf 5%. Prognosen sagen,

dass das Verhältnis im Jahre 2025 so aussehen wird, dass in Europa noch 6%, Nordamerika noch 4%, Afrika 16% und Asien 60% der Weltbevölkerung leben werden. (5) Im Jahre 2050 ist ein Anstieg allein der afrikanischen Bevölkerung von 16 auf 25% der Weltbevölkerung prognostiziert. (6)
Da Bildung in den ärmeren Ländern einer breiten Gesellschaftsschicht nicht zugänglich ist, und es sich viele Menschen nicht leisten können, ihre Kinder zur Schule oder in weiterführende Bildungseinrichtungen zu schicken, sind die beruflichen Chancen für Millionen von Menschen in den entsprechenden Ländern aussichtslos. Die Arbeitslosenzahlen in der Dritten Welt sind immens und die Armut, unter der die Menschen zu leiden haben, ebenfalls. Für uns kaum vorstellbar.

Daher ist es nur verständlich, wenn sie sich von der westlichen Welt ein besseres Leben erhoffen und versuchen, einen besseren Lebensstandard inklusive dem Zugang zu freier Bildung, ebenso wie wir ihn haben, zu erlangen. Und wenn es im eigenen Heimatland keine Zukunftsperspektiven gibt, machen sich die Menschen auf den Weg, auf die Suche, nach einer verheißungsvolleren Zukunft.

Seit Menschengedenken sind wir auf der Suche nach Fortschritt und einem Leben, das besser ist als jenes, das wir bisher hatten. Völkerwanderungen gab es daher schon immer.

Jedes Lebewesen - ob Mensch oder Tier - zieht es instinktiv in überlebensfreundlichere Gebiete. Das war schon immer so und ist deswegen auch niemandem zu verdenken oder anzulasten.
Die zwangsläufige Folge des ungebremsten Bevölkerungswachstums, mit einer derartigen prozentualen Verteilung, wird daher unweigerlich ein Phänomen hervorrufen, das weit über das, was wir heute als die sogenannte 'Flüchtlingskrise' bezeichnen, hinausgehen wird. Zukunftsprognosen sagen, dass die westliche Welt in den kommenden Jahren förmlich überrannt werden wird. Immer mehr Menschen werden nach Europa - und auf Grund der aktuellen Politik - vor allem nach Deutschland strömen. Doch was für den Planeten gilt, gilt natürlich auch für einzelne Länder: Die Bevölkerung kann nicht unendlich wachsen auf endlichem Raum. Es können nicht unendliche Menschenmassen von endlichen Mitteln finanziert werden. Es können nicht endlose Völkerwanderungen in begrenzte Gebiete stattfinden, deren Bürger irgendwann - ähnlich den viel zu vielen Ratten in den begrenzten Käfigen - aufeinander losgehen werden.
Das wird nicht ausbleiben, wenn wir hierfür nicht zeitnah Lösungen finden. Diese sollten - meiner Meinung nach - natürlicherweise auf zunehmender Bildung und einer Zunahme des Bewusstseins fußen. Niemandem sollte es erlaubt sein, in öffentlichen Sendungen neben der

begeisterten Prognose 2000 prozentiger Gewinnmaximierung und der Verzwanzigfachung des eigenen Vermögens darüber zu philosophieren, im Zuge einer Impfung auch gleich die Weltbevölkerung zu reduzieren. Auch einem Bill Gates nicht, selbst wenn er sich mit seinem Milliardenvermögen in sämtliche entscheidende Institutionen und Medialen Agenturen der Welt einkaufen kann und diese maßgeblich mitzubestimmen meint.

Jeder, der eine Mitbestimmung mit diesem Grundtenor zulässt - ja sich selbst noch daran bereichert, dass er dies zulässt - begeht ein Verbrechen an der Menschheit. Denn was soll man von solchen Thesen, die zur besten Sendezeit ausgestrahlt werden, halten? Und welche Schlüsse kann man daraus ziehen? Sollen die Menschen via Spritze eliminiert werden? Oder was soll das anderes bedeuten?

Vielmehr bedarf es einer Anhebung des Bewusstseins, um es mal ganz allgemein auszudrücken, damit wir im Resultat endlich in der Lage sein werden, uns selbst zu kontrollieren und verantwortlich für alle zu handeln, um im Zuge dessen bessere Lebensverhältnisse für jeden Menschen zu schaffen - egal, wo sie leben.

*

Earth was created for all of us.
Not some of us.

A.D. Williams
Pastor and Grandfather to Martin Luther King

*

Cybermobbing und -krieg als Vorstufe zur Eskalation

Da die Menschen in den sozialen Netzwerken anonym sind und sich nie - ich habe es jedenfalls noch nie erlebt - mit ihrem vollen, richtigen Namen zu erkennen geben, wenn sie Streit suchen, ist das Beschimpfen und Bekriegen sehr einfach. Dabei spielt es nahezu keine Rolle, um was sich beschimpft und bekriegt wird, solange man nur seinen Unmut an anderen auslassen kann. Hier fallen die Hüllen von Anstand und Moral, die bei einer persönlichen Begegnung vielleicht noch greifen - wenn auch nicht vollständig, so zumindest in Fragmenten. Im Internet, hinter unentschlüsselbarer Identität jedoch, gibt es keine Gesetze der Moral und des Anstands mehr. Es scheint fast so, als würden einige Menschen einen Sport daraus machen, andere aufzuspüren und niederzumachen, ganz so wie in irgendwelchen Baller-Spielen, in denen ein anonymer Feind erschossen, massakriert und niedergemetzelt wird und dabei keinerlei Bedenken oder Gewissensbisse entstehen, denn *'es ist ja nicht echt'*.

All die Foren, die sozialen Netzwerke wie Facebook, Twitter und Co., sind auch 'nur' Erscheinungen auf dem Bildschirm, auf denen sich Identitäten tummeln, die man weder kennt, noch einen Bezug zu hat - geschweige denn weiß, ob sie überhaupt echt oder nicht doch gefaked sind.

Die wenigsten Menschen vernetzen sich noch mit Leuten, die sie im wahren Leben wirklich kennen. Jemand, der 500 oder mehr 'Freunde' auf irgendwelchen Plattformen hat, wird diese niemals persönlich in ihrer ganzen Tiefe und Persönlichkeit erfasst haben. Die meisten Online-'Freunde' sind Namen, Profilbilder, Sprüche und Posts auf dem Screen - nichts weiter. Auf diese Identitäten draufzuhauen, sie niederzumachen, sie zu beleidigen und seinen Frust an ihnen auszulassen ist ebenso einfach, wie das Töten von Monstern und Figuren in Ballerspielen oder das Töten via computergesteuerter Drohne. Das Bewusstsein unterscheidet nicht zwischen einem getöteten Feind in einem Spiel, den man nicht kennt und einem Synonym in Facebook, das man nicht kennt. Es ist eine Figur, wer weiß, ob real, ein Kürzel, eine Einheit. 'Nicht echt' jedenfalls. Vernichtung geht da ganz einfach und schnell.

Da wir uns gerne und viel in diesen Netzwerken aufhalten, in Foren Rat und Hilfe suchen, auf Plattformen Gleichgesinnte zu treffen hoffen, ist die Hemmschwelle zu Pöbelei und Diskriminierung anderer Meinungen auf die oftmals diffamierendste Art und Weise praktisch nicht mehr existent. Entweder haben wir schon erlebt, dass wir beschimpft und beleidigt wurden, oder wir haben selbst nicht an uns halten können und fühlten uns genötigt, unbedingt Beleidigungen loswerden zu müssen - *'vollkommen zu Recht natürlich!'*

Zudem werden Andersdenkende in vielen Netzwerken gar nicht mehr geduldet, ihre Accounts werden einfach gelöscht, ihre Konten deleted, ihre Meinung damit (scheinbar) eliminiert. Ob dies nur die symbolische Vorstufe zur entsprechenden Eskalation im 'Real Life' ist, bleibt abzuwarten.

Sollte es in diesen Tagen jedoch jemals zu einer tatsächlichen Krise kommen - das Wasser knapp werden, fossile Brennstoffe ausgehen, Nahrungsmittel nicht oder nur noch schwer zugänglich sein - sind vorher schon genügend Hemmschwellen überschritten worden, sodass ein Draufhauen, Verletzen und das Eliminieren anderer im wahren Leben nur noch eine Fortsetzung dessen ist, was ohnehin schon gang und gaebe und salonfähig ist. Ja, online wird dies von unseren Politikern direkt aus dem Bundestag nicht nur geduldet und hingenommen, sondern sogar befeuert. Stichwort: Netzwerkdurchsetzungsgesetz und Kampf gegen sogenanntes Hate-Speech, was praktisch nichts anderes bedeutet, als jedwede regierungskritische Meinung aus jedem existierenden Medium zu entfernen.

Sollte ein Urheber seinen Namen kenntlich zeigen, sich kritisch gegenüber des Systems äußern und nicht von selbst einlenken, helfen gern auch die gewalttätigen Bodentruppen der Regierung unter dem Landläufigen Namen *Antifa* nach. Diese beschmiert dann wahlweise Häuser, zerstört Fassaden, zündet Autos an oder/und macht Morddrohungen. Nicht selten öffentlich auf ihrer Internetseite. Das fällt übrigens 2020 nicht unter den Straftatbestand des 'Hate Speech'.

Die Antifa ist in den USA als terroristische Organisation eingestuft worden, wogegen die selbe Organisation in Deutschland mit Steuergeldern direkt aus dem Bundestag finanziert wird.

Wir können nur alle hoffen und beten, dass wir diesen Trend in den Griff bekommen und stoppen können, bevor die virtuelle Realität totaler Eliminierung von Andersdenkenden sich im realen Leben fortsetzt und sich Szenarien der direkten Eliminierung in Ton, Bild und Farbe direkt vor unseren Augen abspielen.

Aus diesen Gründen sehe ich die heutige Entwicklung, die sich online schon lange zeigt, als einen Trend, der das Potential hat, dunkelste Zeiten der Verfolgung und Vernichtung Andersdenkender wiederzubeleben, wenn er das nicht sogar schon längst tut.

Warum auch immer es uns Menschen ein Bedürfnis ist, uns gegenseitig zu vernichten -

und sei es 'nur' mit Worten oder Beleidigungen – bleibt scheinbar eine der ewig offenen Fragen der Menschheitsgeschichte. Ein Blick in die Welt der Tiere kann auch hier für uns nützlich sein, um zu sehen und zu verstehen, was denn ihre Botschaft an uns ist.

*

Maybe this is, what the Mayans predicted:
Not an asteroid or a solar fire,
but the end of what we are.
We no longer cherish life, or the other people,
or even the earth or the animals
or the resources put on it.
War. Genocide. Abuse. Senseless mass murder.
Animal cruelty. Gluttony. Greed. Waste.
And lust.
Look around you.
The end of the world is already here.

Anonymus

*

Die Folgen

Klima und Umweltschutz

Klima vs. Umweltschutz - zwei Begriffe, die gern verwechselt werden, wahlweise ausgetauscht und doch so unterschiedliche Dinge bezeichnen.

Hier - Definition des Begriffes Klima laut Duden:

1)

a) für ein bestimmtes geografisches Gebiet typischer jährlicher Ablauf der Witterung

Gebrauch in der Meteorologie

Beispiele:

- ein mildes, raues, gemäßigtes, tropisches Klima
- das Klima an der Ostsee

b) künstlich geschaffenes Verhältnis zwischen Temperatur und Luftfeuchtigkeit in einem geschlossenen Raum

2) durch bestimmte Ereignisse oder Umstände hervorgerufene Atmosphäre oder Beziehungen zwischen Personen, Gruppen, Staaten o. Ä.

Beispiele:

- unter den Kollegen herrscht ein angenehmes Klima
- das wirtschaftliche, politische, geistige Klima hat sich verändert
- ein Klima der Toleranz
- das Klima zwischen den beiden Staaten

Die große und viel diskutierte Frage: *Kann man das Klima schützen?*

Auch hierzu bitte ich jeden Interessierten, mit einem offenen Geist zu recherchieren, ohne die vorgefertigte Meinung der Medien zu übernehmen, sondern sich tatsächliche Fachleute, die sowohl pro, als auch kontra zu diesem Thema beleuchten, anzuschauen und sich mit diesen Thesen zu befassen. Es ist kein Konsens von 98% der Wissenschaftler, dass der Mensch oder andere äußere Umstände irgendeinen Einfluss auf das Klima haben, wie es oft dargestellt und verkauft wird. Wie diese Zahl zustande kam, kann ebenfalls weitreichend in Erfahrung gebracht werden. Darauf möchte ich hier nicht weiter eingehen.

Wandel im Klima hat es seit beginn der Welt immer gegeben. Es gab Eiszeiten und

Warmzeiten. Die Arktis war mal eisfrei Dort wurde Viehzucht und Ackerbau betrieben. Im Gegensatz dazu waren unsere Breitengrade zeitweise kilometerhoch mit Eis bedeckt. Hannibal hat seine Elefanten über die Alpen getrieben, da das Klima dort geradezu mediterran war. Schauen wir uns dagegen die heutige Welt an, stellen wir schnell fest, dass sich diese klimatischen Verhältnisse dramatisch verändert haben.

Jeder, der sich nun fragt, ob der Mensch die Macht hat, das Klima auf diesem Planeten zu beeinflussen und nachhaltig zu verändern, sollte sich auch mit dem menschlichen Hang zur Selbsterhöhung und -überschätzung befassen, zu der viele Menschen neigen. (siehe: Gates, Musk, Neuralink, ID2020, Harb und weitere Projekte)

Ein anderes Thema, welches schnell und viel zu leicht mit dem Begriff *Klima* vermischt, ja gar verwechselt und ausgetauscht wird, ist die *Umweltverschmutzung und -vergiftung.*
Es mag sein, dass unser Heimatplanet schon immer klimatischem Wandel ausgesetzt war und das Klima sich im Laufe der Weltgeschichte auch immer mal wieder geändert hat. Und es mag sein, dass wir daran keinen Anteil haben bzw. haben können. *Aber die Verschmutzung und Verseuchung der Erde, die hat zweifellos mit uns zu tun.* Die Zerstörung des Lebensraumes ganzer Arten, das Abholzen kompletter Wälder,

die Rodung des Regenwaldes, der Lunge unserer Erde, die sogar aus dem Weltraum zu sehen ist, die Verseuchung des Wassers - all das wird diese Welt nachhaltig verändern. Denn selbst wenn es gewisse Parameter gibt, die sich schon immer in der Geschichte des Planeten verändert haben - das, was *wir* dem Planeten antun, wird sicher nicht ohne Folgen bleiben.

***

Es ist interessant, sich ins Bewusstsein zu rufen, dass sich der Begriff <u>Klima</u> nicht nur auf das Wetter bezieht, sondern auch auf die Atmosphäre - eben das Klima - welches zwischen Menschen herrscht. Dass wir mit dem <u>zwischenmenschlichen Klima</u> ein großes, weltweites Problem haben, welches weltweit diskutiert wird und das Potential hat, die Erde zu zerstören, steht wohl außer Frage.

***

Wasser

Zu dem Thema Wasser fühle ich mich persönlich so hingezogen, dass ich zeitweilig überlegte, ihm ein ganzes Buch zu widmen. Das 'Haar-Buch', das ich geschrieben habe, befasst sich im Kern mit eben dieser Thematik: Dem Wasser, unser aller Lebenselixier, und den Folgen permanenter Kontamination durch Chemikalien.

Die Folgen von synthetisch hergestellten Chemikalien in flüssiger und fester Form werden sich in erster Linie auf das Wasser auswirken. Auch Pharmazeutika, chemisch hergestellte Medikamente und deren Abfallprodukte, die wir nach Einnahme ausscheiden, sind in immer höherer Konzentration in unserem Grundwasser zu finden. Es gibt jetzt schon kein Trinkwasserreservoir auf der Erde mehr, das nicht mit Chemikalien und Rückständen von Medikamenten durchsetzt ist. Nanoplastik, kleinste Plastikpartikel, finden wir sowohl im Trinkwasser als auch in den Ozeanen. Auch diese Partikel sind von den Klärwerken nicht aus dem Wasser filterbar.

Die Folgen der zunehmenden Verschmutzung unseres Wassers kann sich an dieser Stelle wahrscheinlich jeder selbst ausmalen. Vorerst wird 'sauberes' Trinkwasser, abgefüllt in Flaschen, immer teurer werden, sodass sich am Ende nur noch die Reichen das Kaufen von trinkbarem Wasser leisten können. Doch auch dieses wird früher oder später zur Neige gehen, wenn wir nicht neue Technologien zur Reinigung des Wassers erfinden oder sich ganz neue, heute nicht vorstellbare Quellen auftun.

Da man sich schon jetzt hinter imaginären Identitäten im Internet verstecken, andere anonym beschimpfen, mobben und fertig machen kann und der Cyber-Krieg unter dem Motto 'Jeder gegen Jeden' schon lange im Gange ist, sinkt durch solcherlei Möglichkeiten, sich zu verstecken und endlich mal ungestraft draufhauen zu können, natürlich die Hemmschwelle auch im normalen Leben. Sollte tatsächlich einmal das Wasser knapp werden, wird in unserer direkten Nachbarschaft ein erbitterter Kampf um Leben und Tod ausbrechen. Und glauben Sie nicht, in dieser Zeit greifen noch die antrainierten, guten Manieren. Hunger und Durst sind starke Triebe, die jedes gelernte Verhalten unterwandern und sie unter gegebenen Umständen aushebeln. Ich persönlich hoffe inständig, solch eine Menschheitskrise nicht erleben zu müssen.

Luft

Ob der Wandel des Klimas durch den erhöhten Ausstoß von CO_2 bedingt ist, oder das CO_2 nicht vielmehr zum Wachstum der Pflanzen und des Lebens auf unserer Erde beiträgt und ganz und gar nichts mit dem Wandel zu tun hat, ist nur *einer* der Streitpunkte der Wissenschaftler. Tatsache ist jedoch, dass in den großen Städten der Welt die Luft an manchen Orten kaum mehr auszuhalten ist. Menschen laufen mit Mundschutz herum - und das schon Jahre vor und unabhängig von angeblich weltweiten Pandemien - Smog-Alarm wird ausgerufen und Kinder erkranken an Lungenkrankheiten, die ganz eindeutig auf die Verschmutzung der Luft zurückzuführen sind. Da ich selbst in einer großen Stadt aufwuchs, kenne ich das Gefühl der Atemnot sehr gut, beispielsweise wenn ich mit dem Fahrrad in der Innenstadt unterwegs war. Teilweise hatte ich Brechreiz von den vielen Abgasen um mich herum.

Laut einer Studie des Max-Plank-Institutes sterben jährlich weltweit 3,3 Millionen Menschen vorzeitig an den Folgen von Luftverschmutzung. Diese Zahl könnte sich bis 2050 verdoppeln. Allein in Deutschland gibt es doppelt so viele Tote durch Verkehrs-Emissionen wie durch Unfälle. (7)

Nun ist Berlin verhältnismäßig sauber. In Madras und Bombay, dem heutigen Mumbai, sieht es dagegen ganz anders aus. Hier gibt es weder Abgasnormen noch autofreie Zonen oder Sonderplaketten für das Fahren in der Innenstadt. Und die Anzahl der Menschen pro m2 sind mehr als doppelt so hoch wie in meiner Heimatstadt. Dort habe ich Kinder an den Abgasen krank werden sehen, die mit Staublungen und verklebten Bronchien in Krankenhäuser eingeliefert wurden - wenn sie es sich denn leisten konnten.

Die Dunkelziffer der weltweiten Abgas-Toten liegt in den Millionen. Bei den Armen Indiens und denen in anderen Teilen dieser Welt wird auch niemand eine Autopsie vornehmen, um ihre Todesursachen festzustellen. Und bei denen, die die Krankenhäuser erreichen und denen sie zugänglich sind, heißt es dann 'Lungenödem' oder '-embolie', 'Arterienverkalkung' oder 'Herzinfarkt'. Selten aber wird in den Berichten stehen - falls es überhaupt welche gibt - was die wahre Ursache hinter dem zum Tode führenden Krankheitsverlauf ist.

Sollte also der Stickstoff- und Feinstaub-Ausstoß nicht an der Erwärmung des Klimas Schuld sein und die Macht haben, ganze Kontinente zu enteisen, so sind sie doch immer noch verantwortlich für genügend Luftverschmutzung, für viele Krankheiten auf dieser Welt und für unzählige Sterbefälle jedes Jahr. Und das ist jetzt lediglich auf den Menschen bezogen. Von den Tieren, den Pflanzen und der Natur mal abgesehen.

Es kann also niemand leugnen oder darf behaupten, dass die Verschmutzung der Luft und des Planeten 'nichts macht', und 'keine Folgen hat'. Schaden richtet der Schadstoff-Ausstoß genug an, ebenso wie all die Chemikalien, die durch Großkonzerne und Fabriken, Privathaushalte und Kraftwerke, Heizungsanlagen, Flugzeuge, Schiffe und Autos in die Luft gepustet werden. Und genauso wie das Wasser, das wir zum Leben brauchen und das immer knapper wird, je weiter wir es vergiften, wird uns irgendwann auch die Luft zum Atmen ausgehen, wenn wir weiterhin fröhlich unsere Verbrennungsmotoren anschmeißen, laufenlassen und Abgase in die Luft pusten.

Fossile Brennstoffe

Es ist nicht geklärt, ob fossile Brennstoffe jemals wirklich ausgehen, oder die Erdölreservoirs nicht doch wieder volllaufen, wie nicht selten schon beobachtet. Auch hierzu lohnt sich eine selbstständige Recherche im Internet, sollte Sie dieses Thema weiterführend interessieren.
Sollten wir jedoch wirklich alternative Antriebe zulassen und weiterentwickeln und unseren Strom durch Wind-, Solar- und Wasserkraft gewinnen, sehe ich im Ausgang der fossilen Brennstoffe - sollten sie denn ausgehen - sogar eine Chance. Denn für Wind und Wasser muss man keine anderen Länder angreifen und sich deren Bodenschätze aneignen, sondern sie sind einfach da und stehen uns allen zur Verfügung.

An dieser Stelle sei nochmals an die Aussage Jared Kushners im Oval Office erinnert: "... und verringert sich unser Bedarf, so viele Konflikte in dieser Region zu haben."

Lange schien es klar zu sein, dass vor dem Durchbruch alternativer Energien der Kollaps des an das Öl gebundenen Dollars stehen würde, und dieser Todeskampf nicht ohne Folgen vonstatten gehen wird. Ob dies nun noch immer den letztendlichen Umbruch im Weltwirtschaftssystem bedingen wird, bleibt abzuwarten. Doch wie auch immer dieser Umbruch vonstatten gehen mag und was auch immer ihn am Ende auslösen wird - möglicherweise enden danach endlich einmal die Kriege um Ressourcen. Diese werden dann abgelöst von dem Krieg der Konzerne gegen unabhängige Kleinunternehmer und Menschen, die frei und selbstbestimmt leben wollen. Dieser Krieg läuft ja jetzt schon mächtig an.

Allerdings wird der Tod des ans Öl gebundenen Dollars, der auch im Zuge einer weltweiten Energiewende geschehen kann, eine Weltwirtschaftskrise auf den Plan rufen, im Zuge derer über Verarmung, Hungersnöte und Krieg alles möglich ist. Doch auch nur dann, wenn wir uns bis dahin nicht ohnehin selbst vernichtet haben, verhungert oder gar verdurstet sind.

Chemische Waffen und uran-angereicherte Munition

An vielen Orten werden ganze Felder vermint, chemische Waffen und uranangereicherte

Munition eingesetzt. Auch Napalmbomben kamen und kommen vielerorts zum Einsatz. Die Folgen können wir jetzt schon sehen: Verkrüppelte Menschen, missgebildete Kinder, absterbende Natur, kontaminierte Lebensmittel, verseuchtes Wasser. Und in den Gebieten, in denen solche Waffen eingesetzt wurden, ist die Frage nicht, auf wie viele Jahre ganze Landstriche verseucht sein werden, sondern auf wie viele Jahrtausende. Diese Art der Verseuchung lässt sich nur in Tausendern rechnen, nicht in menschlichen Lebensjahren. Das bedeutet für uns, die heute lebenden Menschen, für unsere Kinder und Kindeskinder: Die aktuell verseuchten Gebiete werden nicht nur verseucht sein, sondern auch verseucht *bleiben*.

Doch die Kriege gehen weiter. Es wird immer noch und weiterhin toxische Munition eingesetzt und all die bekannten und noch unbekannten Folgen werden billigend in Kauf genommen, um Profit zu machen und Gewinne zu schreiben, ohne zu verstehen, dass das Streben nach eben diesem Profit und Gewinn den größten Verlust aller Zeiten nach sich zieht: Die Zerstörung und den Verlust unseres Lebensraumes, ohne den kein Leben möglich sein wird.

Atomkrieg

Der Atomkrieg ist eines der wohl schlimmsten Szenarien, das unsere Zeit bedroht und doch gar nicht so weit weg zu sein scheint, wie wir mancherorts glauben. Doch was wird passieren, sollten die Mächtigen dieser Welt so wahnsinnig sein und bis zum Äußersten gehen? Sollte irgendjemand damit beginnen, eine Atombombe auf ein anderes Land abzufeuern, ist abzusehen, dass es nicht bei dieser einen Bombe bleiben wird. Nehmen wir also an, der Atomkrieg kommt. Was passiert nach dem Einschlag der Bomben?

Fällt eine Atombombe auf eine Stadt, wird sie nicht zerstört, sondern verdampft. Durch die elektromagnetischen Pulseffekte fällt in einem Umkreis von mindestens 2000 Kilometern der Strom aus. Feuern nun also alle großen Supermächte ihre Nuklearwaffen auf deren jeweilige Widersacher ab und detonieren demnach unzählige Atombomben in vielen großen Städten dieser Welt, fällt weltweit der Strom aus und wenig später folgt der sogenannte 'Radioaktive Fall-Out'. Radioaktiver Regen fällt in hunderten Kilometern um jeden Einschlagsort zur Erde.

Da unzählige Tonnen verdampfter Schutt, Ruß und Rauch in die Stratosphäre geschleudert werden, die sich langsam über den Erdball verteilen und das Sonnenlicht blockieren, verdunkelt sich der Himmel. Innerhalb weniger Wochen wird es permanente Nacht, die Temperaturen stürzen ab und alle biologischen Kreisläufe, sämtliche Nahrungsketten sowie der Regenkreislauf kommen zum Erliegen. Der berühmte nukleare Winter hält Einzug.

Nach und nach fällt der in die Luft gesprengte Ruß auf die Erde zurück und der Regen fällt in Form von ätzender Säure, während der Wind radioaktiven Staub durch die Lande bläst. Pflanzen verdorren, Tiere sterben, das Wasser ist verseucht und in großen Teilen der Welt gefroren.

Es wird Jahre dauern, bis sich der dunkle Nebel legt und das Sonnenlicht wieder durchbrechen kann. Es wird auf aufgelöste Städte, unzählige Tote und verfaulende, einstige Lebewesen scheinen; es wird auf Verkrüppelte, Missgebildete, Behinderte und vollkommen verseuchten Boden treffen. Einige wenige Lebewesen werden Kälte, Dunkelheit und Verseuchung überleben und sich dann ohne natürliche Feinde vermehren und mutieren: Ratten, Insekten, Kakerlaken, Viren und Bakterien werden zu diesen überlebenden Arten gehören. Schimmelpilze werden sich ausbreiten; das letzte lebendige Material, die DNA, von Überlebenden, die mittlerweile zu Krüppeln verkümmert sind, wird mutieren und entarten.

Die Welt wird eine stinkende, vergiftete Kloake mit Riesenkakerlaken, die - nicht wie die

Dinosaurier in kleinen Verbänden - sondern in ganzen Stämmen durch die ätzende, übrig gebliebene Brühe ziehen, und die als einzige Feinde Rattenhorden und mutierte Mega-Insekten haben werden. What a wonderful world! (8)

*

Wo das Geld regiert, verliert sich die Vernunft. Das Leben ist plötzlich zweitrangig und der einzelne Mensch wird zur Funktion, zum Konsumenten, zum Arbeiter, zur Steuernummer. Immer mehr Denker fragen sich, ob die Art und Weise unseres Lebens wirklich so erstrebenswert ist, wie es uns die Medien und die Politik verkaufen wollen. Denn in unserer Zeit - dem Zeitalter der Information - bleiben uns all die aufgezählten Dinge nicht verborgen. Wir können uns über sie belesen, Berichte hören und Bilder sehen. Und je tiefer man in die einzelnen Themen eintaucht, umso schlechter wird einem. Die Missstände dieser Welt sind so offensichtlich, dass es kaum mehr möglich ist, an ihnen vorbeizuschauen. Und hier wurde, das alle Themen überschattende, marode Finanzsystem noch nicht einmal genannt. Doch egal, aus welcher Richtung man sich dieser Problematik annähert - was ist die Lösung? Wie kann ein neuer Weg aussehen?

Niemand kann hierauf mit Sicherheit eine klare Antwort geben; doch man kann sich an mögliche Lösungsstrategien annähern und wenn wir uns alle Gedanken machen und diese Gedanken und Ideen zusammentragen, finden wir vielleicht einen Weg, für uns alle - um diese, unsere Welt zu schützen und zu erhalten.

*

Was für eine Welt könnten wir bauen,
wenn wir die Kräfte, die einen Krieg entfesseln,
für den Aufbau einsetzten.
Ein Zehntel der Energien,
ein Bruchteil des Geldes wäre hinreichend,
um den Menschen aller Länder
zu einem menschenwürdigen Leben zu verhelfen.

Albert Einstein
Physiker

*

***

Oder wisst ihr nicht,
dass die Ungerechten
das Reich Gottes nicht ererben werden? Täuscht
euch nicht!
Weder Unzüchtige noch Götzendiener
noch Ehebrecher noch Lustknaben
noch Knabenschänder noch Diebe
noch Habgierige noch Trunkenbolde
noch Lästerer noch Räuber
werden das Reich Gottes ererben.

1. Korinther 6, 9 - 10

***

Teil II

Der Mensch - allein im Universum?

Hierüber gibt es viele Thesen, Meinungen und Spekulationen. Ich möchte mich in diese nicht einmischen, sondern sie so offen lassen, wie sie sind. Es gibt viele Diskussionen über Kornkreise als Botschaften, gesichtete Ufos, Ufoabstürze, Außerirdische und Area 51; über Megalithen, die zu gigantischen Bauwerken verarbeitet wurden und unmöglich von Menschenhand geschaffen worden sein können, oder in Wände gemeißelte Bilder von Flugobjekten, die lange vor unserer modernen Zeit entstanden sind. All das gibt es und diese Fakten befeuern unablässig die Diskussionen über Außerirdische, doch bleiben uns die Besucher - sollten es denn welche sein - ein direktes, offensichtliches Erscheinen bis heute schuldig. All die angeblichen Sichtungen und Funde sind bis heute eher Grund zu Verwirrung als zu Klarheit. Tatsache ist, dass sich uns noch kein anders geartetes Wesen in einer für alle sicht- und hörbaren Form gezeigt und mit uns kommuniziert hat. Niemand trat ganz offensichtlich mit uns in Kontakt. Darum bleiben die Spekulationen bis zu diesem Tage das, was sie sind: Spekulationen.
Die Weltraumforschung hat bereits den um uns liegenden Raum um ein vielfaches weiter

abgescannt, als ein menschliches Wesen jemals in einer Lebenszeit reisen könnte, und keinen zweiten, besiedelten Planeten wie den unseren entdecken können. Ja, nicht einmal einen, auf dem Leben in physischer Form möglich wäre. Das wirft natürlich die Frage auf: Selbst *wenn* die vermeintlichen UFO-Sichtungen echt gewesen sein sollten, selbst *wenn* die oben genannten Sichtungen und Funde von anders geartetem, intelligentem Leben stammen - wo sollen die Besucher herkommen? Es ist ja nicht so, dass wir in unserem Sonnensystem einen zweiten und dritten bewohnbaren Planeten hätten, den wir zeitweilig - in ein paar hundert Jahren, wenn unsere Technologie soweit ausgereift ist und wir uns bis dahin nicht alle gegenseitig vernichtet haben - besuchen könnten.

Es gibt schlicht und ergreifend keine Spuren von einer weiteren Spezies auf anderen, gesichteten Planeten, die Technologie verwendet und Wissenschaft betreibt. Wenn berichtet wird, dass möglicherweise anderes Leben gefunden wurde, dann ist die Rede von Bakterien oder Mikroben in Gesteins- und Bodenproben; Leben also, das sich in einem Stadium befindet, welches jegliche Fähigkeit zu reflektieren, Werkzeuge zu erschaffen und Entdeckungen machen können, entbehrt. Es ist nie die Rede von Wesen, die herumlaufen, Technik verwenden und den Weltraum bereisen, sondern immer nur von allereinfachsten, ersten Anfängen *möglichen* Lebens.

Die einzige Möglichkeit, die ich sehe ist, dass andere Spezies von *hier* kommen, von der Erde, und irgendwo hier leben und dass die UFO-Sichtungen keine Außerirdischen, sondern Zeitreisende sind. Das würde auch erklären, warum sie sich nie zu erkennen geben.

Was beutet das für uns? Es bedeutet, dass wir allein sind. Jedenfalls als eine Rasse, die sich sowohl von allen anderen Rassen auf dem eigenen Heimatplaneten unterscheidet, als auch von allen anderen Lebensformen um uns herum.

Es gibt keine zweite Menschheit. Alles, was wir haben, um Gedanken auszutauschen und in unserer Weise zu kommunizieren - durch Sprache, Schrift und Ton - sind wir selbst. Und wir sind nicht nur allein in diesem Sonnensystem, sondern möglicherweise auch in sämtlichen Multiversen, möglicherweise in allen Weiten, die nach dem Urknall entstanden sind und die es nun gibt.

Wenn nicht einmal eine Eisblume am Fenster, unter all den abertausenden, ja Myriaden von Eisblumen, einer anderen gleicht, keine noch so kleine Lebensform, kein Same einem anderen gleich ist, so gleicht auch keine Spezies auf der Welt und im Universum einer anderen. Alles ist einmalig. Nichts gibt es in der selben Form ein zweites Mal. Auch uns nicht.

Warum wir hier sind

Laut den Upanischaden, der Bhagavad-Gita und sogar dem Christentum in seiner ursprünglichsten Form - einzusehen und nachzulesen in den Apokryphen, den 'entfernten' Teilen der Bibel - laut Überlieferungen in aller Welt bis hin zu tausende Jahre alten Bildern und Inschriften, sind die Geschöpfe der Erde ewig lebende Seelen, inkarniert in unterschiedlichen Körpern, um hier auf der Erde spezifische Erfahrungen zu sammeln.

Und ich persönlich habe während meines dreijährigen Indienaufenthaltes zahllose Rückführungen geleitet und wurde selbst wöchentlich zurückgeführt. In dieser Zeit habe ich die Erfahrung machen dürfen, wie real, selbstverständlich und mühelos das Eintauchen in frühere Leben sein kann. Und mehr noch: Wie einfach und logisch sich ein nachvollziehbarer Gesamtzusammenhang emotionaler, scheinbar zerstreuter Konfliktsituationen, über unterschiedliche Lebensspannen hinweg ergeben kann, sobald man eine bestimmte Konfliktstruktur im Lichte und im Zusammenhang mehrerer Leben sieht und nicht nur diesem einen. Gewisse Problemstellungen wurden plötzlich nachvollziehbar und verständlich. Und damit lösbar.

Wir sind nicht unsere Körper, sondern wir sind Seelen und leben in einem Körper. Der Körper ist nicht der Ursprung unseres Seins, in dem eine Seele entstanden ist; sondern die Seele, das Formlose, das Immaterielle ist der Ursprung, der direkt aus dem Urimpuls, aus Gott, hervorgegangen ist, der den Urknall bedingt hat und die seitdem existiert. Die Materie ist demnach Ausdruck der Urenergie, die als Impuls in allem lebendig ist.

Laut dem Gesetz der Masseerhaltung, dem sog. Energieerhaltungssatz, kann keine Energie verloren gehen, sondern sich lediglich wandeln. Dieser Urimpuls also, der alles bedingt und in jedem von uns lebendig ist, muss demnach - laut diesem physikalischen Gesetz - vom Anbeginn der Zeit existiert haben und kann sich höchstens wandeln, nie aber vergehen.

Kreisläufe von Werden und Vergehen sind überall in der Natur zu beobachten, bis hin zu wiederkehrenden Epochen in der Welt- und Menschheitsgeschichte.

Während der Jahreszeiten entsteht das Leben in Form einer Knospe, wird zur Blüte und zur Frucht, deren Reste absterben und den einzelnen Baum im Herbst wie ein Skelett zurück lassen, das im Winter von Schnee zugedeckt wird, wie mit Erde. Alles ist ein Kommen und Gehen und ein wiederholtes Kommen; der Tag, die Nacht und der wiederholte Tag; das Ein- und Ausatmen und das wiederholte Einatmen. Der Kreislauf der Planeten, des Sonnensystems, der

Galaxien - alles kommt und geht und kommt wieder zurück.

Es gibt sogar eine Reihe von Astrophysikern, die auf dieser Grundlage eine Theorie zum Entstehen und Vergehen von Universen für möglich hält, und zwar die sogenannte Big-Bounce-Theorie. Laut dieser Theorie breitet sich das Universum immer weiter aus, bis die Gravitation stärker wird als die dunkle Energie. Ist dieser Umkehrpunkt erreicht, zieht sich das Universum schlagartig wieder zusammen. Supermassive schwarze Löcher verschmelzen miteinander und bilden ein einziges, schwarzes Megaloch, das die gesamte Materie beinhaltet und sich schlussendlich selbst verschluckt. Dadurch wird wieder ein neuer Urknall ausgelöst und ein neues Universum entsteht. Laut dieser Theorie - die keinesfalls die einzige ist - ist das Universum möglicherweise ebenfalls einem riesigen Kreislauf von Geburt - Tod - und Wiedergeburt unterworfen.

Hieraus leiten viele Religionen und Philosophien das Kommen und Gehen der Seelen ab. Die Idee von dem wiederkehrenden Leben ist logisch, wo doch das menschliche Leben in die gesamte Existenz eingebettet und Teil der selben Quelle ist, nach dem selben Schema reagiert und den selben Gesetzmäßigkeiten unterworfen ist wie das der Planeten und Galaxien.

So, wie alles Entstandene, geht auch die Seele aus dem reinen Ursprung, der Urseele, aus Gott hervor, der am Anfang von Allem und aller Zeiten war. Wir wurden geschaffen und sind seine Geschöpfe, in die von ihm das Leben gehaucht wurde.

*

Wisst ihr nicht,
dass ihr Gottes Tempel seid
und der Geist Gottes in euch wohnt?

aus dem 1. Brief an die Korinther 3, 16

*

Die unterschiedlichen Körper sind demnach Träger göttlichen Lebens, der allumfassenden Urseele, des Ursprungs und des Schöpfers von Raum und Zeit. Darum ist auch kein Wesen dem anderen gleich und trotzdem sind wir alle eins, da wir alle aus derselben Quelle entspringen und genährt werden.
Im diesem Lichte das Leben betrachtet leuchtet schnell ein, dass es keinen Unterschied in dem *Wert* einer Lebenserfahrung gibt, sondern sich die einzelnen Lebenserlebnisse lediglich voneinander unterscheiden. Und das gilt nicht nur für die Menschen, sondern für alles, was existent ist.

Wir wissen nicht, warum es für eine Seele 'dran' ist, die Erfahrung zu machen, eine Pflanze, ein Hund oder ein Pferd zu sein, wogegen es für uns dran ist, als Mensch ihnen zu begegnen. In diesem Sinne sind alle Geschöpfe der Welt gleich-wertig. Keiner ist besser oder schlechter, mehr oder weniger Wert. In unserem reinen Sein, in allerletzter Konsequenz, in unserem tiefsten Ursprung, sind wir tatsächlich miteinander verwandt und alle miteinander verbunden.
Viel wichtiger, als unsere Unterschiede zu benennen, ist es demnach, unsere Gemeinsamkeiten zu erkunden. Denn wenn wir gemeinsam mit unseren Mitgeschöpfen leben und denken, wenn wir uns als Gemeinschaft verstehen, die nicht gegeneinander, sondern füreinander ist, dann entsteht Verbundenheit; und zwar nicht nur mit den Menschen um uns herum, sondern mit allem.

*

Du und ich; wir sind eins.
Ich kann dir nicht wehtun,
ohne mich zu verletzen.

Mahatma Gandhi

*

Tiere, unsere Geschwister

Jesus kam in ein Dorf und sah dort eine kleine Katze, die herrenlos war. und sie litt Hunger und schrie zu ihm. Er nahm sie hoch, hüllte sie in sein Gewandt und ließ sie an seiner Brust ruhen.

Und als er durch das Dorf ging, gab er der Katze zu essen und zu trinken. Und sie aß und trank und zeigt ihm ihren Dank. Und er gab sie eine seiner Jüngerinnen, einer Witwe mit Namen Lorenza, und sie sorgte für sie.

Und einige aus dem Volke sagten: 'Dieser Mann sorgt für alle Tiere. Sind sie seine Brüder und Schwestern, dass er sie so liebt?'

Und er sprach zu ihnen: 'Wahrlich, diese sind eure Mitbrüder aus der großen Familie Gottes. Eure Brüder und Schwestern, welche den selben Atem des Lebens von dem Ewigen haben. Und wer immer für einen der Kleinsten von ihnen sorgt und ihm Speise und Trank gibt in seiner Not, der tut dieses mir. Und wer es willentlich duldet, dass eines von ihnen Mangel leidet und es nicht schützt, wenn es misshandelt wird, lässt dieses Übel zu als sei es mir zugefügt. Denn ebenso wie ihr in diesem Leben getan habt so wird euch im kommenden Leben getan werden.'

aus: Das Evangelium des vollkommenen Lebens, oder auch: Das Evangelium Jesu, 34, 7 - 10

Gott - der Urheber des Lebens?

Sind wir geschaffen worden oder schlicht ein Unfall?
Ich bezeichne mich selbst als tief bekennende Christin, gehöre jedoch keiner Konfession an und bin auch nicht Mitglied in einer Kirche. Nach Gitt und Yahya, Mohr und Greber, nach den Apokryphen und dem Bewusstsein, wie vielen Konzilien die Heilige Schrift zum Opfer fiel, glaube ich tief an die liebende und heilende Kraft des Schöpfers, halte mich jedoch ganz bewusst von allen menschengemachten Organisationen fern.

Ich empfinde mich als einen Teil eines gigantischen Komplexes, welcher in der Ewigkeit wurzelt und der mit dem berühmten Urknall einen neuen Anfang fand - jedenfalls soweit wir heute wissen. Bis hierhin, bis zum Urknall, mit dem für uns alles begann, können wir Menschen die Entstehung unseres Sonnensystems rekonstruieren. *Vor* den Urknall gucken können wir nicht. Hier ist die Grenze des für uns Erklärbaren. Die große, offene Frage, die sich daraus ergibt, ist: Was war vor dem Urknall und was hat ihn bedingt?

Die Wissenschaft spricht von bisher undefinierten Kräften, die den Urknall ausgelöst haben und die die gesamte Existenz bedingen, die sich nach gewissen Gesetzmäßigkeiten bewegt und reagiert. Sie lehnt jedoch gleichzeitig ganz bewusst einen Schöpfer ab, obgleich alles, was die Darwinisten und die Neo-Darwinisten schon lange wissen, überhaupt keinen Sinn macht und vollkommen jeglicher Logik entbehrt - die sie nur *meinen* zu sehen, weil sie diese sehen *wollen*.

Manche Religionen *personifizieren* die Schöpferkraft, andere schreiben ihr lediglich einen gewissen Dasseinszustand zu. Einige sprechen von mehreren Gottheiten, andere von einem Gott, der alles erschuf. Für wieder andere ist diese eine Form von Energie. *Was für ein Fortschritt wäre es, wenn endlich Einigkeit darüber herrschte, dass in der Beantwortung dieser Frage Uneinigkeit herrschen darf!*

Jede Idee, jeder Gedanke, jede Entdeckung, ist ein erneuter kleiner Urknall, der wiederum etwas Neues in die Welt bringt, das vorher nicht da war und dessen Entstehung ebenso unerklärlich ist, wie der Urknall selbst. Darum sprechen wir auch von 'Eingebungen', denn keiner weiß, woher eine Idee wirklich kommt. Auch hier gilt das Gleiche, wie schon beschrieben: Wir können nicht 'davor' gucken; wir sehen nicht, was da war, *bevor* ein Impuls kam. Wir wissen nicht, wer oder was einen Impuls bedingt oder kreiert hat. Das Prinzip ist immer dasselbe.

Heutzutage kann niemand mehr die Wissenschaft, die Astronomie und die quantenphysikalischen Erkenntnisse leugnen, die ganz offenkundig im Raum stehen und über die sich jeder in unzähligen Büchern belesen, in Berichten informieren und in Filmdokumentationen weiterbilden kann. Nach diesen Erkenntnissen gibt es nicht nur ein, sondern viele Sonnensysteme wie das unsere, viele Galaxien, die vernetzt sind und in ihrer Struktur aussehen wie das Nervengeflecht eines riesigen Gehirns.

Und auch die Wissenschaft weiß, dass es Etwas gab, das da war, bevor das Universum entstand und welches unvorstellbar, unerklärlich und unbeschreiblich für uns alle ist - ob religiös oder nicht.

Ich glaube, dass diese Energie bis heute in jedem Teil aller Multiversen, bis hin zum kleinsten Teilchen auf dieser Erde, lebendig ist und ihren Lebensimpuls bedingt. Es ist jener 'Hauch', der den Lebewesen eingegeben ist, der uns wieder und wieder durch die Heilige Schrift nahegebracht wurde und bis heute keine Wissenschaft erklären kann.

In diesem Sinne sind wir tatsächlich alle gleich, alle Brüder und Schwestern - und das gilt nicht nur für uns Menschen, sondern für alles Lebendige, von Tieren über Pflanzen und Steinen bis hin zu den Sonnensystemen, Sternen und

Galaxien. Denn wir alle - wirklich alle und alles - tragen den gleichen Lebensimpuls in uns. Wir entspringen alle derselben Quelle. Wir sind Geschöpfe, geschaffen von einem Schöpfer, dessen unendliche Weisheit wir in Form unserer erlebten und erfahrbaren Wirklichkeit tagtäglich nur bestaunen können.

*

Jedes Atom deines Seins
kommt von einem Stern, der explodiert ist.
Und die Atome deiner linken Hand
kamen wahrscheinlich von einem anderen Stern
als die Atome deiner rechten Hand.
Das ist wirklich das poetischste in der ganzen Physik:
Wir bestehen aus Sternenstaub.

Lawrence M. Kraus
US Amerikanischer Physiker und Kosmologe

*

Anmerkung

Da ich viele Jahre eine evangelischen Schule besuchte, deren erstes und wichtigstes Hauptfach Christenlehre war, bin ich relativ bewandert, was den Inhalt der Bibel betrifft. Nicht etwa, weil ich mich seit jeher selber als Christlich bezeichne. Lange Zeit habe ich trotz allem Lesen in der Bibel nicht zum Glauben gefunden. Das kam erst viel später. Ich greife im Weiteren oft und viel auf biblische Texte zurück -- nicht, um jemanden zu bekehren, sondern um zu informieren. Nicht jeder hat den selben Hintergrund wie ich und sich vielleicht noch nie mit der Bibel weiter befasst.

Das Schicksal wollte es, dass ich mit 16, als ich die Schule abschloss und das erste Mal in die USA ging, in eine sehr christliche Familie kam, die - so wie ich seit dem - ohne Fernseher und Radio lebte. Sie haben täglich die Bibel gelesen, doch erst ein paar Jahre nach meiner Rückkehr begann ich selbst, dieses Buch von Anfang bis Ende zu studieren. Auslöser war die Nachricht, dass ein Bischof aus der Kirche ausgetreten war, weil er das Neue Testament und die darin stehende Botschaft nicht mit den Gesetzen und den Handlungen der Institution Kirche in Einklang bringen konnte. Also, dachte ich, muss in diesem Buch doch etwas stehen, das all dem Handeln der Verantwortlichen und sich selbst dazu ernannten, zuwiderläuft.

Erst da sprang der Funke über, und dieses weltweit diskutierte Buch interessierte mich plötzlich, weil ich die Kontroversen auf dieser Welt, die sich um dieses Buch drehen und drehten, wenigstens ansatzweise verstehen wollte.

Es wurde deutlich, dass die Botschaft der Bibel und die Institution Kirche zwei vollkommen verschiedene Dinge *sein mussten*. Das Alte Testament habe ich in unterschiedlichen, auch in modernen Fassungen gelesen. Das Neue Testament allerdings, in dem die vier Evangelisten die Jesusgeschichte jeweils einmal aus unterschiedlicher Sicht beschreiben samt der darauffolgenden Geschichte der Apostel, sowie die anschließenden Briefe des Saulus, der zum Paulus wurde, habe ich in mehreren Übersetzungen in deutsch und einmal in englisch durchgearbeitet. Heute habe ich sogar selbst eine leicht zu lesende Fassung der Bibel publiziert in der Reihe 'Die Bücher der Bibel als Einzelausgabe im Großdruck'. Die Tatsache, dass sich viele Menschen von der Bibel in ihrem Gesamtumfang erschlagen fühlen, hat mich auf diese Idee gebracht. Die Schrift ist in den vollumfänglichen Ausgaben meist extrem klein und somit schlecht zu lesen, zudem das Buch sehr groß und schwer ist, sich somit schlecht mitführen lässt. Das stellt in vielen Fällen Hinderungsgründe dar, sich mit dem Inhalt dieses Buches auseinanderzusetzen.

Die Briefe des Paulus sind die direkteste Botschaft an uns Menschen aus dem ganzen Buch, denn diese Briefe sind an die Völker der Welt gerichtet und sprechen ausschließlich davon, uns gegenseitig in Liebe zu begegnen und zu achten. *Die Briefe des Neuen Testaments aus den Einzelausgaben der biblischen Bücher* kann ich als Einstieg daher sehr empfehlen. Da das Neue Testament die Grundlage des Unterrichtes in der Schule stellte, war mir der Inhalt im Groben schon früh relativ vertraut.

Zusammenfassend möchte ich hier nur soviel sagen: Wenn die selbsternannten Heiligen, die Priester und Bischöfe, die Kirchenväter und Oberhäupter der Institution Kirche das neue Testament wirklich in allen Kapiteln verstanden hätten und befolgen würden, könnten sie viele Dinge heute weder tun, noch die Gräueltaten, die im Laufe der letzten 2000 Jahre im Namen eben dieser Institution geschehen sind, erklären und schon gar nicht entschuldigen.
Das Alte Testament besteht aus Geschichtsbüchern, Lehrbüchern und prophetischen Büchern. Das Neue Testament allerdings, die Geschichte des Lebens Jesu und seine Botschaft, geht über das Gesetz von 'Auge um Auge, Zahn um Zahn' hinaus und es wird gepredigt, 'die zweite Wange auch noch hinzuhalten'. Dies bedeutet jedoch nicht, sich widerstandslos alles gefallen zu lassen - doch in

dieses Thema einzutauchen führt an dieser Stelle vom Weg ab.

In der Botschaft des Neuen Testamentes ist von Sanftmut die Rede, von Verständnis und Mitgefühl. Davon, dass 'Gott in jedem von uns lebt'. Es ist der nächste Schritt in der Entwicklung der Menschwerdung, der über die niederen Triebe wie Rache und Gewalt hinauswächst, ihnen somit entsagt, und statt dessen vergibt und seine Feinde liebt.

Weitere Informationen zu Publikationen finden Sie im Anhang.

Auch die Bhagavad-Gita, die heilige Schrift der Hindus und Buddhisten, macht im Kern und in vielerlei Hinsicht die selben Aussagen wie die Bibel. Nämlich, dass 'Gott' eine unerklärbare Kraft ist, die *in* uns wohnt, und zwar in *jedem* von uns, in *jedem* Geschöpf dieser Erde - und nicht nur in einigen, wenigen Auserwählten *'Wisset ihr nicht, dass ihr Gottes Tempel seid und der Geist Gottes in euch wohnt?'*, heißt es im Neuen Testament, in dem 1. Brief an die Korinther; und im Eingangswort der Bhagavad-Gita, dessen philosophischer Inhalt sich mit dem des Neuen Testaments in vielerlei Hinsicht deckt, steht: *'Suche, oh Seele, den Ewigen, denn er selbst lebt in dir als dein eigenes, ewiges Ich'*.

Die Geschichte der Gita ist nicht die von einem Sohn Gottes, der auf der Erde inkarnierte, sondern die von einem Feldherren, der einer gegnerischen Armee gegenübersteht und sich fragt, was der Sinn von Kampf und Mord ist. Er entscheidet sich, zu siegen indem er nicht kämpft und seine Waffen niederlegt. Das Buch beschreibt den darauf folgenden Dialog von Ayurna, dem Feldherrn und dem Höchsten, Gott.

Im Neuen Testament heißt es weiter in dem Brief an die Korinther: *'Alle eure Dinge lasset in der Liebe geschehen'*. Oder in dem Brief an die Römer: *'Seid niemandem etwas schuldig, außer, dass ihr euch untereinander liebet. Denn wer den anderen liebt, der hat das Gesetz erfüllt'*.
Das Neue Testament ist voll von Aufforderungen, einander in Liebe und nicht in Hass und Urteil zu begegnen. Die Briefe des Paulus transportieren ausschließlich diese Botschaft. Und die Botschaft ist absolut eindeutig.
Viele trauen sich an dieses Buch nicht heran, weil sie denken, nur Auserwählte oder Hochstudierte könnten es verstehen. Doch das stimmt nicht. Es ist ein Irrglaube, dass die Bibel nur für einige, wenige Auserwählte zu interpretieren und zu verstehen ist. Dies ist die größte Augenwischerei in der Geschichte der Christlichen Kirche. Jesus war - nach Überlieferungen - ein Zimmermann. Kein Professor. Kein studierter Herr Doktor Doktor. Kein Medizinalrat. Sondern ein Tischler.

Es sind - auch laut biblischer Botschaft - noch nie die Schriftgelehrten gewesen, die uns die Wahrheit verkündigt haben. Ganz im Gegenteil: Jesus hat diese aus den Tempeln vertrieben!

Wie es möglich ist, im Namen eines solchen Buches zu morden und zu foltern, bis heute Kriege zu rechtfertigen und andere Religionen zu unterjochen, ist und bleibt mir ein absolutes Rätsel.

*

Wisst ihr nicht,
dass ihr Gottes Tempel seid
und der Geist Gottes in euch wohnt?

aus dem 1. Brief an die Korinther 3, 16

*

Das Element des Ewigen

Versuchen wir, das Gleichnis vom Tempel, der wir sind und in dem Gott wohnt, vor dem Hintergrund heutiger, wissenschaftlicher Erkenntnisse zu deuten, dann ist die einzige These, die sich auf die materielle Ebene unseres Daseins bezieht und auf welche dieses Gleichnis passt, die Quantenphysik.

Könnten wir ein Atom um das 1000billionfachste Vergrößern, hätte der Atomkern einen Durchmesser von ca. 1,7 Metern. Das nächste, den Atomkern umkreisende Elektron wäre höchstens 0,1 Millimeter groß und würde den Kern in etwa 50 Kilometern Entfernung umkreisen. Kaum vorstellbar! (9)

In unserer Vorstellung ist der Raum leer und Materie massiv. Doch genau wie das Universum, ist auch Materie zum großen Teil praktisch leer. Partikel nehmen in dem Zwischenraum innerhalb der Atome und Moleküle nur einen ganz unwesentlichen Teil des Raumes ein. Der Rest ist Leere. *(auf dieser Grundlage basiert das Buch: Heilbehandlungen für Dich und Dein geliebtes Tier - entdecke Deine verborgenen Fähigkeiten)*

Um es noch unglaublicher zu machen: Diese den Kern umkreisenden Elektronen tauchen auf und verschwinden wieder - und keiner weiß, wohin sie gehen oder woher sie wieder kommen. Lange glaubten die Wissenschaftler, dass immerhin der

Atomkern ein Punkt verdichteter Materie wäre. Doch auch das ist bei näherer Betrachtung falsch. Heute weiß man, dass sogar der Kern auftaucht und wieder verschwindet, wenn man ihn mit einem Elektronenmikroskop betrachtet.
Materie ist also in Wirklichkeit und im Wesentlichen nichts. Sie ist völlig substanzlos. Das Sicherste, was die Quantenphysiker heute sagen können ist, dass diese substanzlose Materie eher die Form eines Impulses hat, wie ein verdichtetes Stück Energie, oder auch Information, wie die Physiker es ausdrücken würden. (10)
Die Wissenschaft der Quantenphysik und deren heutige Erkenntnisse sagt uns genau das selbe, was uns die heiligen Schriften aller Zeiten schon immer gepredigt haben; nämlich, dass wir und die Energie, die uns ins Leben gerufen hat, eins sind; und dass diese Energie, die in jedem Teil, jedem Gestirn, jedem Planeten und jedem Stern dieses Universums sowie jedem noch so großen oder kleinen Lebewesen dieser Erde vorhanden ist, *in* uns wohnt - und zwar in uns allen. ohne Ausnahme.

Ich und der Vater sind eins.

Jesus, Johannes-Evangelium 10, 30

Wie aber kann es sein, dass eben dieses entscheidende Element - nämlich, dass wir mit der Energie, die uns geschaffen hat, eins sind - oder religions-philosophisch ausgedrückt: Mit dem 'Wesen', das uns geschaffen hat, mit 'Gott' eins sind, dass 'Gott' in uns wohnt - wie kann es sein, dass wir Menschen das vergessen haben? Wie kann es sein, dass die Wahrheit des Eins-Seins mit unserem Ursprung und aller Existenz, die sowohl physikalisch als auch philosophisch wahr ist, unserem Bewusstsein entfallen ist?
Sobald der Bezug zum Ewigen fehlt richtet sich der Mensch schnell an weltlichen Institutionen aus, in der Hoffnung, sie gäben ihm eine Orientierung zwischen den Extremen von Richtig und Falsch. Dass Regierungen gern diese Institution für Menschen darstellen und - ganz ihrer Ideologie folgend - Richtig und Falsch definierend, kann man weltweit beobachten. Vor allem dort, wo irgendeine Ideologie das Recht ablöst.

Zudem lehrt uns die Psychologie, ob nun Einzel-, Gruppen- oder auch Massenpsychologie, dass man einen Menschen, Gruppen von Menschen oder ganze Menschenmassen, schnell und einfach 'auf Linie bringt', wenn man sie mit dem Konzept von Lob und Strafe bedroht. Sobald jemand aus der Reihe tanzt und sich anmaßt, das gängige Narrativ in frage zu stellen, wird schnell abgestempelt und als Feind deklariert.

Genau wie durch die Erhöhung des Menschen zur Krone der Schöpfung, wie die kirchlichen Dogmen es uns lehren, reißt man den Menschen auch durch die Bedrohung von Lob und Strafe aus dem universellen Kontext und der berühmte, vielseits beschriebene Kunstgriff, findet statt: Der Mensch fällt aus der Einheit heraus und ist allem anderen enthoben. Einerseits von der Hölle und der ewigen Verdammnis bedroht, hat sich der Mensch andererseits zum 'Herrscher über Mensch und Tier' erhoben, was ihm die Legitimation gibt, den Rest der Welt und alles Leben auf ihr für seine Selbstzwecke zu missbrauchen - egal, ob Tiere, Pflanzen oder die Erde selbst.

Denn seitdem der Mensch der Natur enthoben wurde, ist er kein Teil mehr, ist nicht mehr unzertrennbar und gleich-wertig mit allen anderen Teilen, sondern etwas 'Besseres'. Seitdem ist er 'superior' und macht sich 'die Erde Untertan'.

So wurde dem Menschen eine Rolle zugesprochen und ein Weg auferlegt, der ihn gewissenlos gegenüber dem macht, das er nicht mehr als gleich-wertig erkennen kann. Alle Mechanismen der Ungleichheit und alles, was damit einhergeht, begannen in *dem* Augenblick zu greifen, in dem die 'neue' Definition des Menschseins propagiert wurde. Dies ist übrigens nicht der ursprüngliche Sinn, wie ihn die Bibel lehrt, jedoch ein willkommenes Dogma, das von

den Kirchen der Welt schnell und gern gepredigt wurde.
Das Resultat dieser blasphemischen Einstellung spiegelt sich heute in den vernichtenden Auswirkungen menschlichen Schaffens auf dieser Welt und im erschreckend desolaten Zustand unseres gesamten Planeten.

*

Der Höhepunkt der Arroganz
ist das Ausmaß der Kontrolle jener,
die Gott nach ihrem eigenem Bilde erschaffen
und dieses Bild nicht nur predigen
sondern darüber hinaus anderen aufzwingen.

Ramtha
Mystic, Philosopher, Master-Teacher, Hierophant

*

Jesus hilft einem Kamel

Jesus zog nach Jerusalem und begegnete einem Kamel mit einer schweren Last Holz. Das Kamel konnte sie nicht den Berg hinaufschleppen, und der Treiber schlug es und misshandelte es grausam, aber er konnte das Tier nicht von der Stelle bringen.

Und als Jesus es sah, sprach Er zu ihm: 'Warum schlägst du deinen Bruder?' Und der Mann erwiderte: 'Ich wusste nicht, dass es mein Bruder ist. Ist es nicht ein Lasttier und dazu gemacht, mir zu dienen?'

Und Jesus sprach: 'Hat nicht derselbe Gott aus dem gleichen Stoffe dieses Tier geschaffen und deine Kinder, die dir dienen, und habet ihr nicht denselben Atem beide von Gott empfangen?'

Und der Mann staunte sehr über diese Rede. Er hörte auf, das Kamel zu schlagen, und befreite es von einem Teil seiner Last. So schritt das Kamel den Berg hinan, und Jesus ging vor ihm, und es blieb nicht mehr stehen bis an das Ende seiner Tagesreise.

Das Kamel erkannte Jesus; denn es hatte die Liebe Gottes in Ihm gefühlt. Und der Mann wollte mehr von der Lehre wissen, und Jesus lehrte ihn gerne, und er wurde Sein Anhänger.

aus: Das Evangelium des vollkommenen Lebens, oder auch: Das Evangelium Jesu, 31, 12 - 16

Was wir denken, fühlen und ausstrahlen wird unsere Realität

Masaro Emoto, ein japanischer Wissenschaftler, widmete sein Leben dem Wasser. Er forschte an der Wirkung von menschlichen Gedanken und Gefühlen auf Materie, und da das Wasser das empfänglichste aller vier Element ist, nutzte er es um herauszufinden, wie es physisch reagiert, wenn man es bestimmten Gefühlen und Gedanken aussetzt.

Er füllte Wasser in Flaschen ab und klebte unten auf die Flaschen Wörter wie zum Beispiel 'Liebe', 'Dankbarkeit' oder 'Heilung'. Einzelne Wasserflaschen ließ er von Mönchen segnen oder von Heilern mit Energie aufladen. Um die Wirkung, welche diese Einflüsse auf das Wasser haben, zu veranschaulichen, wurde das Wasser schock-gefrostet und Emoto fotografierte einzelne Wassermoleküle mit einem Dunkelfeldmikroskop. Die Ergebnisse sind bis heute beeindruckend! Hatten die Wassermoleküle vorher keine erkennbare Struktur, so wiesen sie - nachdem sie unter dem Einfluss wohlwollender Absichten standen - die wundervollsten Strukturen auf, ähnlich den von Mandalas. Setzte Masaro Emoto eine Flasche Wasser destruktiver Energie aus, sehr bekannt das Beispiel 'du machst mich krank', wiesen die Moleküle hiernach verzerrte, unharmonische und unansehnliche Strukturen auf. Eindrückliche Beispiele dieser Experimente und tolle Bilder sind in einem seiner Bücher und meinem Lieblingsbuch mit dem Titel 'Gebete des Wassers' zu finden.

Emoto konnte also nachweisen, dass Gedanken, Gefühle und Absichten als treibende Kraft hinter der Erschaffung äußerer Formen liegt. Die Wissenschaft bleibt uns eine Erklärung des Einflusses äußerer Energien auf die Struktur des Wassers und seiner Konfiguration schuldig, dennoch kann sie die offensichtliche Wirkung auf die Molekularstruktur nicht leugnen. Sie ist zu offensichtlich.

Der menschliche Körper besteht bis zu 70% aus Wasser. Materie besteht im Grunde genommen nur aus Impulsen, und wir sind ewig lebende Seelen, die Erfahrungen machen, wachsen und ihr Bewusstsein erweitern. Natürlich stellt sich die Frage: Wenn Gedanken und Gefühle so eine Wirkung auf Wasser haben, was für eine Wirkung haben sie dann auf uns und unser Leben? Und wenn Materie tatsächlich aus reinen Impulsen von Informationen besteht, können wir mit unserem Denken und unserm So-Sein vielleicht mehr in der Welt bewirken und sie verändern, als wir bisher glaubten?

*

Es gibt manchmal im Laufe der Welt
besondere Augenblicke,
wo es sich ergibt, dass alle Dinge und Wesen,
bis zu den fernsten Sternen hinauf,
in ganz einmaliger Weise zusammenwirken,
sodass etwas geschehen kann,
was weder vorher noch nachher je möglich wäre.
Leider verstehen die Menschen sich im allgemeinen
nicht darauf, sie zu nützen,
und so gehen die Sternstunden oft unbemerkt
vorüber.
Aber wenn es jemanden gibt,
der sie erkennt,
dann geschehen große Dinge.

Michael Ende
Schriftsteller und Kinderbuchautor

*

Teil III

*

Im Alten Testament
wie im Neuen
und in den Legenden der Heiligen
wird dem Menschen das Tier
als Botschafter Gottes gesandt.

Franz von Assisi

*

Die Natur - Spiegel des Lebens

Wie alleine sind wir in den Weiten des Universums und auf unserer Welt wirklich? Sind wir überhaupt so allein wie bisher angenommen? Natürlich können wir uns jederzeit dem Schöpfer zuwenden und bei ihm Zuflucht finden, ja - er wartet förmlich darauf, dass wir dies tun und unser Leben, das er uns geschenkt hat, ihm anvertrauen. Doch gibt es auf dieser Welt, in unserer direkten Umgebung, Anhaltspunkte dafür, wie wir uns verhalten sollen, neben den Heilsbotschaften der Heiligen Schriften? Stehen Gottes Gesetze seinen Geschöpfen ins Herz geschrieben?
Wenn wir uns die Natur ansehen, das Pflanzenreich, das Tierreich, alle Geschöpfe dieser Erde, die alle aus dem selben Schöpferimpuls hervorgegangen sind wie wir auch, könnten sie dann nicht in ihrer Reinheit und Echtheit gewisse Gesetzmäßigkeiten offenbaren, die uns das Zusammenleben auf diesem Planeten erklären? Gibt es vielleicht in der Art ihrer Natur, ihres So-Seins, ihres Verhaltens, Botschaften, die uns deutlich zeigen, wie wir uns einander gegenüber zu verhalten haben? Was können wir in unseren

Mitgeschöpfen, unseren Brüdern und Schwestern, erkennen?

Auf der einen Seite sind wir als Menschen Teil der Natur, auf der anderen Seite hat der Mensch ein Bewusstsein, dass ihn klar von der Natur unterscheidet.

- Der Mensch ist in der Lage, sich selbst zu erkennen;

- er hat das Bewusstsein darüber, dass er *ist*.

- Er kann begreifen, *selbst* zu *sein* und ist in der Lage, sein Dasein und die Welt gedanklich zu reflektieren.

Doch bringen diese Fähigkeiten nur Vorteile mit sich oder bergen sie auch Gefahren?

Die Bibel erzählt uns die Geschichte von der Vertreibung aus dem Paradies. Es heißt, im Paradies gab es zwei verbotene Bäume, den Baum des Lebens und den Baum des Guten und des Bösen. Der Mensch befolgte das Verbot Gottes, die Frucht dieser Bäume zu essen, *nicht* und aß vom Baum des Guten und des Bösen. So fiel er aus dem paradiesischen Zustand in die Welt. Und hat bis heute den Weg zurück nicht gefunden. Was bedeutet das?

Solange der Mensch immer und immer wieder von dem symbolischen Baum des Guten und des

Bösen isst, also wertet, urteilt, in gut und böse unterteilt, wird er den Weg zurück ins Paradies nicht finden. Und wenn der Mensch sich an die Stelle des Schöpfers der Welt stellt und meint, über Leben und Tod bestimmen zu können, am Leben herum-manipuliert, sich das Leben zurecht-lügt und -biegt, wird der Weg nach Hause weiterhin verperrt bleiben.
Wenn der Mensch jedoch beginnt, das Leben als Leben anzuerkennen und eben *nicht* der Versuchung nachgeht, vom Baum des Guten und Bösen zu essen, sondern das Leben Leben sein lässt und es der Natur, der Welt, der Zeit, ja dem Schöpfer überlässt, wie das Leben sein soll, erst dann wird der Mensch den Weg zurück ins Paradies finden.

Die Tiere leben es uns vor. Sie manipulieren nicht am Leben herum. Sie zwängen es nicht in Formen. Sie beschneiden nicht ihr eigenes Wesen und ihre ihnen gegebenen Eigenschaften, um zu 'passen', um zu 'gefallen', um 'richtig' zu sein. Sie werten weder Situationen noch Charakter. Sie sind immer echt und leben in der totalen Annahme von allem, was ist; von allem, was um sie herum existiert, was ihnen gegeben ist, was sie zu sein bestimmt sind. Sie legen dem Leben nicht irgendwelche Dogmen auf, fällen keine Urteile auf Grund nicht erfüllter Erwartungen oder wegen des 'Verstoßes' gegen auferlegte, teils sinnlose Regelwerke.

Es gibt einen Leitfaden des Zusammenlebens. Nicht nur die biblischen Gebote, die Botschaft Jesu und die Briefe des Paulus weisen uns diesen Weg. Sondern es gibt Gesetze - und zwar die Gesetzmäßigkeiten der Natur - die kein Tier und keine Pflanze übertritt, und die sie uns Tag täglich vorleben.

Da sie nicht über sie reflektieren können, können sie sich auch nicht gegen die Natur entscheiden. Darum ist ihr Leben als Botschaft an uns auch so wertvoll. Weil es uns zeigt, wie Leben geht, ohne von der Natur getrennt zu sein. Anstatt permanent über das Leben urteilen zu wollen - anstatt vom Baum des Guten und Bösen zu essen - enthalten sie sich und folgen schweigend ihren Pfaden, nehmen ihr So-Sein vorbehaltlos an, ohne Gegenwehr, ohne Kampf, ohne Fragen.

Die Natur bewertet nicht. Keine Pflanze und kein Tier wertet eine Erfahrung. Jede Seele macht ihre eigenen Erfahrungen und jeder Seele ist es erlaubt, ihre eigenen Erfahrungen zu machen. Es liegt nicht in dem Ermessen eines anderen zu bestimmen, wer welche Erfahrungen zu machen und wer welche Erkenntnisse zu gewinnen hat.
Das So-Sein-Lassen ist ein paradiesischer Zustand, den wir uns alle von unserer Familie, von unseren Freunden und unseren Geliebten wünschen. Sein dürfen, wie wir sind; angenommen sein, wie wir sind; denken, sagen,

ausdrücken dürfen, was und wer wir sind; echt zu sein, ohne Fassade, ohne Selbstzweifel, ohne Angst. Das ist unser aller Wunsch, denn es entspricht den Gesetzen der Natur. Und die Tiere leben es uns vor. Tag für Tag. In jedem Augenblick.

Die Tiere schauen nicht auf ihren Nachbarn und fragen sich, ob es nicht besser wäre, so zu sein wie er. Sie eifern nicht anderen nach, in der Vorstellung, irgendwann so zu sein wie sie und all das zu können und zu besitzen, was ein anderer kann und besitzt. Kein Hund möchte ein Elefant sein. Kein Fisch ein Vogel. Sie sind, was sie sind und leben das ihnen zugeteilte Schicksal in einvernehmlicher Würde mit der Welt und ihren Gezeiten. Sie richten nicht über das Leben und wollen ihr Leben, ihr So-Sein, nicht anders machen, besser haben, verändern oder neu kreieren. Sondern sie leben im Paradies, direkt vor unseren Augen.

Und obendrein fragen sie nicht einmal, ob wir es sehen; sie zwingen uns auch nicht, die Botschaft ihrer Leben zu verstehen. Sie sind einfach nur da und leben uns den paradiesischen Zustand, den wir so sehnlichst hoffen und uns wünschen zu erreichen, stillschweigend vor - und wir können es nicht in vielen Fällen erkennen, weil wir einfach nicht hinschauen.

*

Der Wunsch
ein Tier zu halten
entspringt einem uralten Grundmotiv -
nämlich der Sehnsucht des Kulturmenschen
nach dem verlorenen Paradies.

Konrad Lorenz
österr. Zoologe und Medizin-Nobelpreisträger

*

Es sind ja 'nur' Tiere

Dieser Gedanke ist ein Resultat des mittlerweile mehrfach beschriebenen Kunstgriffes unter religiöser Flagge und einer der gefährlichsten aller Gedanken, denen man in seiner Seele Raum geben kann - nämlich der Aufwertung des Menschen bei gleichzeitiger Abwertung alles anderen Lebens. Denn in dem Augenblick, in dem man wertet und sein Gegenüber zum Tier erklärt - oder zum Aggressor, zum Terrorist, zum Nazi, zum Leugner, zur Kakerlake - fällt es automatisch aus dem gängigen Wertesystem heraus, indem dann auch die moralischen und ethischen Grundsätze nicht mehr greifen, die instinktiv nur gleich-gearteten vorbehalten sind. Dieser Vorgehensweise bedienen sich heutzutage Politiker und ihre Gefolgschaften nur allzu gerne und rechtfertigen damit Ungerechtigkeiten und Gräueltaten aller Art. Diese reichen von auf Lügen basierender Hetzjagden gegen Andersdenkende, Verleumdungen, Beschimpfungen, Existenzvernichtungen bis hin zu Angriffskriegen, die am Ende all jene *'Tiere'* vernichten, die des Lebens weit weniger Wert sind als sie selbst, 'dem wahren Mensch', zu dem sie sich selbst erklären und der ja bekanntlich die Krone der Schöpfung ist.
So isst der Mensch wiederholt vom 'Baum des Guten und des Bösen', ohne es zu merken und

entfernt sich immer weiter und weiter und weiter von der eigentlichen, einzigen und wahren Lösung, die es geben kann: Nämlich der Umkehr zur Ganzheit und dem Heil Gottes, das durch die Natur wirkt und uns in ganzer Fülle, Vollkommenheit und Schönheit geschenkt ist. Schlicht, indem wir aufhören, den Versuchungen des Baumes und seiner Früchte nachzugeben - dem Bewerten, ob Aufwerten oder Abwerten. Auch wenn seine Früchte noch so verlockend anmuten und es allzu leicht ist, sich mit einer kurzen Wertung, einem schnellen Urteil, einer rasch herbei-philosophierten Meinung - die wir uns nur zu gern von anderen bestätigen lassen - aus der Affäre zu ziehen und uns davonzustehlen, um uns in dem Gefühl zu baden, doch irgendwie 'die Besseren' zu sein.

Üben wir statt dessen Gehorsam und enthalten uns, greifen nicht mehr zu, geben der Versuchung nicht mehr nach und lassen den verbotenen Baum unangetastet, um endlich wieder zurück nach Hause zu finden in ein Paradies, aus dem die Tiere nie vertrieben wurden und das es für uns Menschen schon lange nicht mehr gibt.

Angst

Angst trennt uns nicht nur von uns selbst und unseren eigenen Gefühlen, sondern auch von unseren Mitmenschen und der Welt um uns herum. Es ist Angst, die uns daran hindert, vorbehaltlos in neue Erfahrungen einzutauchen, Neues zu entdecken und das Leben als Abenteuer wahrzunehmen. Was aber ist die Ursache von diesem weit verbreiteten Gefühl?
Angst in unserer Zeit kann viele Ursachen haben. Eine Ursache ist die Angst vor dem Urteil anderer, die sogenannte Menschenangst, die tief in uns sitzt und uns in den Grundfesten verunsichern kann. Denn das Urteil anderer bedeutete im Laufe der Geschichte nicht selten den Ausschluss aus der Gesellschaft und damit den sicheren Tod.

In meiner eigenen Familie habe ich Menschen kennengelernt, die sich der Intoleranz verschrieben, anderen nicht zugehört sondern sie verurteilt haben, nur um sie am Ende von sich zu stoßen. Ich habe am eigenen Leib erfahren, wie folgenschwer ein Ausschluss aus der Gemeinschaft, die einem eigentlich Schutz geben sollte, sein kann. Und ich habe begriffen, dass das Urteil über andere niemals für irgendeine Seite eine wirkliche Lösung ist. Nie. Auch wenn wir das im ersten Augenblick annehmen.

Das Resultat war eine sehr große Einsamkeit, viel Alleinsein und eine früh beginnende Suche nach dem, was uns verbindet.

Der Weg zueinander führt niemals über das Urteil. Der Weg zueinander kann immer nur über die Akzeptanz führen. Darüber, Brücken zu bauen und dem anderen sein So-Sein zu gestatten. Darüber, zu versuchen, den Standpunkt eines anderen wirklich zu erfassen; die Beweggründe seines Denkens und seines Handelns zu verstehen – um ihn zu erreichen. Mit Diffamierungen, Beschimpfungen, Abweisungen, Urteil, Mobbing und dem 'sich voneinander abwenden' findet man keine Lösung miteinander. Und schon gar nicht findet man auf dieser Weise eine Lösung, die beiden Seiten gerecht wird.

Das Negieren und Aburteilen des Andersgearteten und Anders-denkenden führt niemals zueinander. Das Urteil wird niemals Wege eröffnen. Das Richten wird keine neuen Möglichkeiten und Lösungen bieten. Das Urteil ist immer eine Sackgasse und fällt im Zweifelsfall am Ende auf einen selbst zurück.

Das Resultat des Urteils ist immer eine gewisse Art der Entzweiung und der Entfremdung. Das Essen vom Baum des Guten und des Bösen endet immer und immer wieder mit der Vertreibung aus dem Paradies. Dies wird nie anders sein.

***

Richtet nicht, auf daß ihr nicht gerichtet werdet. Denn mit welcherlei Gericht ihr richtet, werdet ihr gerichtet werden; und mit welcherlei Maß ihr messet, wird euch gemessen werden.

Was siehst du aber den Splitter in deines Bruders Auge, und wirst nicht gewahr des Balkens in deinem Auge?

Oder wie darfst du sagen zu deinem Bruder: Halt, ich will dir den Splitter aus deinem Auge ziehen, und siehe, ein Balken ist in deinem Auge?

Du Heuchler, zieh am ersten den Balken aus deinem Auge; darnach siehe zu, wie du den Splitter aus deines Bruders Auge ziehst.

Matthaeus 7, 1- 5

***

So fand ich schon in jungen Jahren mein Heil in den Tieren, deren Botschaft mich schon früh erreichte und mein Leben nachhaltig veränderte. *Sie* waren es, die mich nie wegstießen, sondern mir immer erlaubten, so zu sein, wie ich nun einmal war. Die nicht urteilten. Die nicht werteten. Und die mich nie ablehnten.

Sie sind unsere Lehrer und ihre Leben halten für unseren Umgang miteinander entscheidende Antworten bereit, die wir oft vergeblich versuchen irgendwo anders auf der Welt zu finden.

*

Einem Tier ist es egal, wer du bist.
Wenn du ihm sein Herz schenkst,
schenkt es dir bedingungslos seins.

unbekannt

*

Vorsorge für die Krise

Wie kann ich für eine eventuelle Krise, für den Zusammenbruch des Systems, des Weltwirtschaftssystems, der Währung, vorsorgen? Was kann ich tun, um nicht unterzugehen? Um zu überleben? Und wie machen es die Tiere? Wie kann ich in der Zukunft sicher sein?

Die Tiere haben uns eine ganz entscheidende Fähigkeit - wenn man es so nennen kann - voraus: *Sie haben keine Angst vor dem Tod.*

Das hat vielleicht im ersten Augenblick scheinbar mit den eigentlichen Problemstellungen nicht zu tun, doch verfolgt man die Angst- und Sorgenspirale eines jeden Menschen bis an ihren Ursprung, dann steht hinter den meisten Sorgen und Ängsten am Ende die Angst vor dem Sterben. Dem Nicht-Überleben. Der Nicht-

Erfüllung des tiefen, instinktiven, uns allen innewohnenden Triebes, der 'Überleben' heißt. Doch ist Sterben wirklich so schlimm? Was passiert beim Sterben und nach dem Tod?
Was ich als unsere Seelen-Realität erfahren habe, deckt sich sowohl mit den unzähligen Rückführungen, die ich geleitet und selbst erfahren habe, als auch mit den Berichten von Wiederbelebten und allen dokumentierten Nahtoderfahrungen, von denen ich weiß und die ich gelesen habe.
Mein Ausbilder der Reinkarnationstherapie, Herr Trutz Hardo, arbeitete mit Frau Dr. Elisabeth Kübler-Ross zusammen, die ihr Leben der Sterbeforschung und dem Leben nach dem Tod widmete. Hardo und Kübler-Ross publizierten unabhängig von einander viele Werke, die beschreiben, was im Sterbeprozess passiert und welche Botschaft das Leben an uns ewig lebende Seele eigentlich hat. Und das, was in ihren Büchern steht, kann ich aus den Erfahrungen meiner eigenen Arbeit als Rückführungsleiterin bestätigen.

***

Der Gedanke von Strafe und dem ewigen Gericht, der Hölle und der ewigen Verdammnis sind nicht gerade förderlich für ein friedliches Leben, denn diese Vorstellungen erzeugen Angst und damit eine permanente, innere Spannung, die zu Lebzeiten alle möglichen Probleme bis hin zu ernsthaften Krankheiten - sowohl physisch als auch psychisch - mit sich bringen kann. Doch was geschieht mit uns danach?

Professor Mohr legt in seinem wundervollen Werk *'Kehret zurück ihr Menschenkinder - die Grundlegung der christlichen Reinkarnationslehre'* dar, dass das Dogma der ewigen Verdammnis so in der Bibel gar nicht steht, sondern im Kontext schlicht unrichtig übersetzt ist. Auch die Botschaft der Gnade, Güte und Vergebung, zu der wir durch die Botschaft Jesu angehalten sind, widerspricht einem strafenden Gott, der seine eigenen Kinder für alle Ewigkeit in das ewige Höllenfeuer schickt. Vielmehr wurde diese kirchliche Lehrtradition auf der Synode von Konstantinopel 553 unter Justinian *schlicht beschlossen!* Diese lehrt den doppelten Ausgang der Weltgeschichte, in der lediglich eine kleine Schar der Gläubigen errettet wird, die Mehrheit der Menschen jedoch der ewigen Verdammnis anheimfällt. Das universale Heil als letztes Ziel des göttlichen Heilsplanes wurde auf diesem Konzil bis heute verworfen.

Einerseits kann ich aus meinen Recherchen und einer persönlichen Erfahrung klar sagen, dass die Hölle real ist. Zwar war ich selber noch nicht tot, doch ich war einmal fast tot und habe einen kurzen Blick 'hinter die Kulissen' werfen dürfen in einem Augenblick, in dem meine Zeit ganz offensichtlich noch nicht gekommen war. Denn das, was ich dort erlebt habe, war sehr beängstigend. Die äußersten, unvorstellbaren Qualen, welche eine Seele nach dem Tod ausgesetzt sein kann, gibt es tatsächlich. Davon erzählen sogar vereinzelte Nahtodberichte.

Einige solcher Erfahrungen sind in den Büchern <u>*Rückkehr von Morgen*</u> *von Georg Ritchie und Elizabeth Sherrill, sowie dem englischsprachigen Buch* <u>*Beyond the Darkness*</u> *von Angie Fenimore beschrieben. (Weitere Infos + Video-Empfehlungen zum Thema im Anhang)*

Andererseits währt die Verdammnis nicht ewig, sondern eine Umkehr zu Gott ist in jedem Augenblick möglich; wie sonst wären all die Verheißungen auf die Gnade Gottes, der seine Kinder über alles liebt und nicht eher ruht, bis auch '*das letzte Schäflein den Weg Heim gefunden hat*' zu erklären? Selbst in der hintersten Ecke der Hölle hat die Seele die Freiheit zu *erkennen;* und sich dem Leben und den Gesetzen der Liebe, die wir aneinander zu üben angehalten sind, aus freien Willen zuwenden.

Mit dem Übergang in eine andere Dimension - in ein körperloses Dasein, das eigentlich unser Ursprung und unsere wahre Realität ist - hört das Leben nicht auf. Vielmehr wird klar, dass die Lebensspanne in einem Körper auf der Erde ein

Erfahrungszyklus ist, bei dem es eben nicht allein darum geht, zu lernen und Bewusstsein zu erlangen, sondern der uns vor allem die Möglichkeit gibt, aus freien Stücken den Weg nach Hause anzutreten. Es geht im Leben nicht nur darum, bestimmte Strukturen zu durchschauen und zu lösen, sich weiterzuentwickeln und seelisch zu wachsen. Es geht nicht ausschließlich um einen selbst. Sondern auch darum, der Botschaft der Liebe und des Friedens zu vertrauen, sich auf den Weg wahren Menschseins zu begeben, wie es uns von Christus vorgelebt wurde, Vergebung zu üben, seinen Nächten zu lieben, Gottes Schöpfung verantwortungsvoll zu verwalten und Frieden in die Welt zu bringen.

***

Wir sind nicht ohne Grund hier. Unsere Existenz ist kein Unfall, sondern gewollt. Weder der Darwinismus und schon gar nicht der Neo-Darwinismus sind je haltbare Theorien gewesen, was jeder schnell versteht, der beginnt, ernsthaft zu diesem Thema eigene Recherchen anzustellen.

Aufschluss darüber kann die Suche auf Youtube nach Dr. Werner Gitt gben, der viel zu diesem Thema referiert hat. Unter anderem unter den Titeln

- Schuf Gott durch Evolution?
- Der Mensch: Produkt des Zufalls oder geniale Konstruktion?
- Herkunft des Lebens aus Sicht der Information
- und ein 3-teiliges Interview unter dem Titel: Evolution oder Schöpfung.

Etliche hochdotierte Wissenschaftler haben selbst erkannt, dass sich unser Leben niemals selbst aus der Materie hat bilden können. Einige aufschlussreiche Zitate seien zur Verdeutlichung hier aufgeführt:

***

Die kambrischen Gesteinslagen zum Beispiel, deren Alter auf etwa 600 Millionen Jahre zurückgeht, sind die ältesten, in denen wir die hauptsächlichen wirbellosen Wassertiergruppen finden. Und viele davon finden wir in bereits fortgeschrittenen Evolutionsstadien gleich zu beginn ihres Aufkommens. Es scheint, als ob sie dort einfach ohne evolutive Vorgeschichte eingepflanzt worden seien.

Richard Dawkins, Zoologe
an der Universität Oxford

***

***

Falls Organismen in einem vollkommen entwickelten Zustand erschienen sind, müssen sie in der Tat durch eine allmächtige Intelligenz erschaffen worden sein.

Douglas Futuyama,
evolutionistischer Biologe

***

Falls eine Vielzahl von Spezies, die der gleichen Gattung zugehören, tatsächlich unmittelbar ins Leben kamen, wäre diese Tatsache tödlich für die Theorie der Artentwicklung mit leichten Änderungen oder natürliche Selektion.

Charles Darwin

***

Die Evolution ist eine Lüge. Wir stammen nicht vom Affen ab. Die Welt und ihre unzähligen Arten, die Hochintelligenz, die sich in der Schöpfung offenbart und jedes menschliche Fassungsvermögen übersteigt, ist nicht 'aus Versehen' oder aus 'Zufall' entstanden.

Tote Materie kann niemals intelligentes Leben hervorbringen. Selbst dann nicht, wenn man sie statt 13 - 26 Millionen Jahre umeinander kreisen lässt.

Niemals würden wir auf die Idee kommen, dass ein Baumhaus im Wald ganz aus Versehen aus sich selbst heraus entstanden ist, obwohl alle dazu benötigten Materialien direkt vor Ort vorhanden sind. Kein Mensch würde in Betracht ziehen, dass die Mercedes S Klasse, die auf einem Schrottplatz steht, zufällig beim letzten Sturm entstanden ist, als 'Unfall' sozusagen, selbst wenn dieser Sturm 13,6 Milliarden Jahre gedauert hat und alle für dieses Auto notwendigen Materialien auf dem Schrottplatz die ganze Zeit vorhanden waren.

Wie also sollte dieses hochkomplexe, in sich vollkommen schlüssige, an Funktionalität und Hochintelligenz alles menschliche übertreffende Ökosystem dieses Planeten - dazu in dieser unfassbaren Vielfalt - rein zufällig ganz aus sich selbst aus unbelebter Materie entstanden sein? Durch Zufallsmutation? Diese These ist ganz und gar unhaltbar.

Die Evolutionstheoretiker und Darwinisten wissen das auch; das geht aus etlichen Aussagen, Zitaten und Artikeln hervor, die aus diesen Kreisen durchgedrungen sind und die es in das eine oder andere Wissenschaftsmagazin geschafft haben.

***

... der elementarste Zelltyp stellt einen Mechanismus vor, der unvorstellbar mehr komplex ist, als irgendeine Maschine die der Mensch sich erdenken, geschweige denn bauen könnte.

W. H. Thorpe, evolutionistischer Wissenschaftler

***

Wenn man sich die unendlich große Anzahl von möglichen Strukturen vergegenwärtigt, die sich aus einer einfachen Zufallskombination von Aminosäuren in einem verdampfenden vorzeitlichen Teich ergeben könnte, ist es unvorstellbar zu glauben, dass das Leben auf diese Weise entstanden sein könnte. Es ist weitaus plausibler, dass ein Großer Baumeister mit einem Musterplan für solch eine Aufgabe erforderlich wäre.

Perry Reeves, Professor der Chemie

***

Seit meiner frühesten Ausbildung als Wissenschaftler war ich einer sehr intensiven Gehirnwäsche ausgesetzt um zu glauben, dass irgendeine Form willkürlicher Schöpfung unvereinbar mit der Wissenschaft sei. Diese Idee musste ich, so schmerzlich es mir war, ablegen. Gegenwärtig kann ich kein rationelles Argument finden, die Auffassung zu widerlegen, welche *für* eine Meinungsänderung in Bezug auf Gott spricht. Wir waren immer aufgeschlossen; nun erkennen wir, dass nicht zielloses Zusammentreffen von Zufällen, sondern Schöpfung die einzig logische Antwort auf die Frage des Lebens ist.

Chandra Wickramasinghe, sri-lankischer Astrophysiker

***

Auf der molekularen Ebene ist jede Klasse einzigartig, isoliert und ohne Verbindung zu Zwischenstadien. Somit haben die Moleküle in gleicher Weise wie die Fossilien versagt, die von der evolutionistischen Biologie so lange gesuchten, unerfassbaren Zwischenstadien hervorzubringen ... auf der molekularen Ebene ist kein Organismus 'abstammend' oder 'primitiv' oder 'fortgeschritten' im Vergleich mit seinen Verwandten ... Es kann nur wenig Zweifel bestehen, dass, falls dieser molekulare Beweis vor einem Jahrhundert zugänglich gewesen wäre, die Idee der organischen Evolution niemals Anklang gefunden hätte.

Dr. Michael Denton

***

Es ist schwer, sich des Eindrucks zu erwehren, dass die gegenwärtige Struktur des Universums, die offenbar so sensitiv gegenüber kleineren numerischen Veränderungen ist, sehr sorgfältig erdacht war ... Die offensichtlich phänomenale Übereinstimmung von numerischen Werten, die die Natur ihren grundlegenden Konstanten zugeordnet hat, muss weiterhin als der zwingendste Beweis für ein Element kosmischen Designs gelten.

Paul Davies, Physiker

***

Alle Erfahrungen deuten darauf hin, dass ein denkendes Wesen, das, unter Einsatz seiner Erkenntnis und schöpferischen Fähigkeiten, ungezwungen entsprechend seinem eigenen freien Willen handelt, erforderlich ist. Es ist kein Naturgesetz, kein Prozess und keine Folge von Ereignissen bekannt, die eine Selbstentstehung von Information in der Materie auslösen könnte.

Professor Werner Gitt, ehem. Leiter des deutschen Bundesinstitutes für Physik und Technologie

***

Weiterführende Lektüre zu dem Thema ist unter dem Stichwort 'Evolutionsschwindel' oder auch 'Evolutionslüge' zu finden.

Instinktiv wissen wir, dass es mehr im Leben gibt als das, was man sehen und anfassen kann und dass das, was uns bislang erzählt wurde, nicht alles sein kann.
Aus der Tatsache, dass wird geschaffen wurden ergibt sich von ganz allein ein tiefer Sinn des Lebens. Wir sind erschaffen worden und genau so gemeint, wie wir sind. Jeder einzelne von uns. Und aus dem gewollten Menschsein, dass uns geschenkt ist, leitet sich auch eine ganz natürliche Verantwortung ab, die wir für uns, unsere Nächsten und diese Welt innehaben.

***

Warum also Angst vor dem Tod? Die Angst vor dem Übergang vom Leben zum Tod ist in den meisten Fällen bedingt durch das Gefühl des Schuld - ob bewusst oder unbewusst. Jeder Verstoß gegen die Gesetze der Menschlichkeit erzeugen Schuld; jede Lüge, jede Verleumdung, jede üble Nachrede, jede Form der Lieb-losigkeit und damit Gott-losigkeit wird von unserem Bewusstsein registriert und trennt uns von dem, der uns das Leben geschenkt hat. Jeder Griff zum Baum des Guten und Bösen - jedes Urteil, welches wir über unsere Nächsten fällen - wird mit dem Gefühl der Schuld quittiert. Und selbst wenn es nur leise, ja unhörbar zu sein scheint.

Wir alle waren wieder und wieder zwischen den Leben auf der anderen Seite. Darum weiß die Seele in ihrem tiefsten Innern um die Richtigkeit und Wichtigkeit der Menschlichkeit auf allen Ebenen. Wir wissen ganz genau, wenn wir 'falsch' handeln und fühlen uns nicht selten von schlechtem Gewissen geplagt, wenn wir uns gegen die Nächstenliebe versündigt haben, selbst wenn viele es nicht mit diesen Worten benennen würden.

Schuld erzeugt Angst, die nie ein guter Ratgeber ist. Sie verleitet uns zu Handlungen und Gefühlen, die sich nicht konstruktiv auf unser Leben auswirken. Viele Menschen kennen diese langsam fressende Angst, die blockiert, die uns bestimmte Wagnisse nicht eingehen, gewisse Chancen nicht ergreifen lässt, die uns schlicht und ergreifend hemmt und uns daran hindert, zu dem zu werden, was wir sein könnten, wären wir von dieser Angst nicht besessen. Diese Angst, die uns schweigen lässt, wo wir sprechen könnten und die uns dann und wann zum Rückzug bewegt oder zu Handlungen zwingt, die uns eigentlich nicht wirklich entsprechen.

Doch wie schlägt man die Brücke zurück zu sich selbst und der Liebe unseres Schöpfers, die immer da ist und auf uns wartet, und von der wir uns nur selbst wieder und wieder abwenden und abkehren?

Durch Bekenntnis und Vergebung.

Das wundervolle an der Verheißung der Gnade ist, dass sie uns nicht nur zuteil wird, sobald wir sie annehmen, sondern dass sie förmlich auf uns wartet, sobald wir unsere 'Schuld' bekennen. So kann unsere Schuld vergeben werden, wir können so uns selbst und anderen vergeben und können frei werden. Denn die Aufforderung 'Vergib uns unsere Schuld, wie auch wir vergeben unseren Schuldigern' schließt uns selbst mit ein. Jederzeit können wir alles, was uns auf der Seele liegt, jede 'Übertretung' bekennen und Vergebung erfahren.

***

Es macht einen Unterschied, in welchem Geiste wir hier auf dieser Erde wandeln! Erkennen wir uns als Geschöpfe und halten die uns gegebenen Gebote der Nächstenliebe, des Mitgefühls oder der Verantwortung oder meinen wir, selbst Gott zu sein und alles besser zu wissen? Davon hängt tatsächlich ab, ob wir 'geläutert' werden - und vor allem, in wie fern und in welchem Maße wir geläutert werden - oder ob für uns auf der anderen Seite der viel beschrieben und erlebte Frieden liegt, der alles übersteigt, was der Mensch sich vorzustellen in der Lage ist.

Das klingt utopisch und fiktiv. Vielleicht ist es das auch. Meine Erfahrungen, sowohl meine eigene, als auch die unzähligen Reinkarnations-Sitzungen, die ich selbst erlebt habe und von anderen mit-erleben durfte, bestätigen mir eben diese Botschaft.

Je mitmenschlicher, je friedliebender wir sind, je wahrhaftiger und liebevoller, je mehr wir die uns zugeteilte Lebensaufgabe annehmen und unsere uns geschenkten Talente und Fähigkeiten der Welt zur Verfügung stellen, umso mehr verschwindet die Angst vor dem Leben, vor anderen, vor Wagnissen und am Ende vor dem Tod. Denn dann ist das Sterben kein Weg ins Ungewisse mehr, sondern die Rückkehr nach Hause, wo wir von einem liebenden Vater erwartet werden, der immer da war und der von Liebe zu uns durchdrungen ist.

*

Man hat nicht ein Herz für Menschen
und eins für Tiere.
Man hat ein einziges Herz oder gar keins.

Alphonse de Lamartine
fr. Schriftsteller und Politiker

*

*

Vater unser, der Du bist im Himmel
geheiligt werde Dein Name
Dein Reich komme,
Dein Wille geschehe,
wie im Himmel, so auch auf Erden
Unser tägliches Brot gib uns heute
und vergib uns unsere Schuld,
wie auch wir vergeben unseren Schuldigern
Und bewahre uns davor,
in Versuchung geführt zu werden,
sondern erlöse uns von dem Bösen
Denn Dein ist das Reich
die Kraft
und die Herrlichkeit
in Ewigkeit

Amen

*

Der Tod oder: Unsere Seelenheimat

*'Siehe, ich sage euch ein Geheimnis:
Wir werden nicht alle entschlafen,
wir werden aber alle verwandelt werden.'*

1. Korinther 15, 51

Der Tod ist keine Strafe. Der Tod ist auch nichts Schreckliches, wovor man sich fürchten müsste. Nach dem Leben als Mensch auf der Erde kehren wir zurück in unsere Seelenheimat, aus der wir alle kommen und in die wir alle wieder eingehen. Wir gehen nicht verloren. Wir sind nicht einfach weg. Wir fallen nicht in ein großes, schwarzes Nichts. Wir sind nicht *Nichts*. So, wie nicht Alles aus dem Nichts entstehen konnte, kann auch nicht Alles in ein *Nichts* vergehen.
Wir sind ewig lebende Seelen. Ausführlich ist das 'Sterben, Frühere Leben und die Welt dazwischen' in meinem Buch 'Eine Abhandlung über Reinkarnation' beschrieben. Hier nur so viel: Niemand braucht Angst zu haben. Angst vor dem Tod ist vollkommen unbegründet. Es geht danach weiter. Wir vergehen nicht. Wir sind immer *die* Seelen, die wir sind und schon immer waren. Der Tod ist nicht das Ende des Lebens. Es ist nur ein Übergang in ein anderes Leben, an das wir uns erinnern, in dem Moment, in dem wir auf der anderen Seite 'wieder auftauchen'.

Das bedeutet nicht, dass das Leben sinnlos ist. Ganz im Gegenteil. Wir kommen alle mit gewissen Seelenaufgaben hier her. In der Erfüllung der einem ganz individuell aufgetragenen Aufgabe und der Liebe zu seinem Nächsten ist man nahe an der Erfüllung des Lebens, die einem kein Geld noch Reichtum der Welt bescheren kann.

Auch - oder vielleicht gerade - Schmerz und Leid sind Katalysatoren für seelisches Wachstum. Aus einer schmerzvollen Erfahrung aussteigen zu wollen - sprich: selbstbestimmt das Leben zu beenden - ist deshalb sinnlos, da eine bestimmte Erkenntnis, die aus gewissen Erfahrungen resultiert und gezogen werden soll, für die Seele dran ist. Das heißt: keine Seele kann sich bestimmten Erkenntnisprozessen entziehen. Selbstmord ist keine Lösung. Die Erfahrung steht dann immer noch aus und muss auf einer anderen Ebene gemacht werden; sie wird zum Beispiel in einem nächsten Leben nachgeholt werden müssen. Ein Entkommen vor sich selbst gibt es weder im Diesseits noch im Jenseits.

Es macht also Sinn, sich seiner Lebensaufgaben zu stellen. Es macht Sinn, dass wir uns heute den Aufgaben auf dieser Welt stellen, denn sonst werden wir vermutlich wieder ganz von vorne beginnen müssen - und zwar nicht nur vom Anfang eines neuen Lebens, sondern noch einmal am Beginn einer ganzen Menschheits-Ära

- wenn wir die jetzt vor uns liegenden Aufgaben nicht lösen. Wir werden vermutlich wieder an dem selben Punkt stehen wie heute: Endlich die große Aufgabe der Umkehr und der Bewusstwerdung zu meistern, die jetzt für uns Menschen dran ist.

Darum ist es trügerisch zu denken: *'Wenn es also dran ist, dass unsere Seelen in Zukunft nicht mehr in menschlicher Form inkarnieren, das heißt, dass die Welt soweit zerstört ist, dass diese Form des Lebens nicht mehr möglich ist, dann ist das eben so'* wenn doch unsere Aufgabe ist, diese Welt im höchsten göttlichen Sinne zu verwalten, für unsere Nächsten zu sorgen und einander zu lieben. Zerstören wir diese Welt oder lassen es zu, dass diese Welt zerstört wird, müssen wir eben wieder ganz von vorn beginnen und hoffen, dass wir beim nächsten Mal den Abschluss schaffen, wenn wir diese Klasse wiederholen.

*

Eine Erfahrung, die dran ist, *muss* gemacht werden. Selbst dann, wenn sich die höhere Erkenntnis, die gezogen werden soll, um Jahre, Jahrhunderte, Jahrtausende oder Jahrmillionen verzögert und sich eine ganz neue 'Menschheit' entwickeln muss, die erneut eine Gelegenheit zu der verpassten Erkenntnis und Umkehr erhält.

*

***

Folgt man der biblischen Botschaft, dann ist das Ziel eine Menschheit in Liebe zum Schöpfer und zu seinem Nächten, in Verantwortung der Welt gegenüber, in Mitgefühl und Hingabe an die Werke Gottes.
Solange wir diese Prüfung nicht bestehen, müssen wir die Klasse wieder und wieder wiederholen, bis wir verwirklicht haben, wozu wir geschaffen worden sind. Und Gott-Vater wird nicht eher ruhen, bis auch das Schäflein - oder die letzte Seele - den Weg nach Hause gefunden hat.

***

"Der Herr, unser Gott, ist ein einiger Gott und du sollst Gott, deinen HERRN, lieben von ganzem Herzen, von ganzer Seele, von ganzem Gemüte und von allen deinen Kräften." Das ist das vornehmste Gebot.
Und das andere ist ihm gleich: "Du sollst deinen Nächsten lieben wie dich selbst." Es ist kein anderes Gebot größer denn diese.

Markus 12, 29 - 31

***

Legenden sprechen davon, dass die Menschheit schon einmal - wenn nicht sogar schon mehrere Male - an dem Punkt stand, an dem wir heute stehen: Am Scheideweg zwischen absolutem Leben und totaler Zerstörung, zwischen Genie und Wahnsinn. Es heißt, dass es schon einmal hochentwickelte, zivile Gesellschaften gab, die sich - so, wie es uns droht - selbst zerstörten.

Geschmolzenes Gestein in einigen Wüsten und geschmolzene Mauern in einige prähistorischen Siedlungsanlagen lassen auf einen Atomkrieg weit vor unserer Zeitrechnung schließen, der einmal statt gefunden haben muss. Daran wird sich niemand erinnern, denn die wenigen Überlebenden werden so weit in ihrer Entwicklung zurück geworfen worden sein, dass ein Erinnern, geschweige denn ein Rekonstruieren der Ereignisse auf bewusster Ebene unmöglich war.

Versunkene Städte wurden gefunden, die von frühen Hochkulturen erzählen. In Stein gemeißelte Astronauten, Bilder - tausende Jahre alt - die Geschichten von hochentwickelter Technologie, Flugobjekten und der Raumfahrt erzählen, das alles gibt es.

Alles, was wir heute haben, scheint es schon einmal, wenn nicht sogar mehrere Male, gegeben zu haben, und es versank wieder in den Tiefen der Geschichte. Und wieder stehen wir an diesem Punkt. *Weil wir die Umkehr zur Liebe, die unsere Aufgabe war, bisher nicht gemeistert haben. Wir sind den Weg nach Hause nicht angetreten, haben nicht bekannt, losgelassen und unser Leben dem Schöpfer übergeben, der es uns einst schenkte und dem es ohnehin gehört. Wir wollten es allein machen, abgetrennt von unserer Quelle, der einzigen, die wahre Sinnhaftigkeit und Leben spendet.* Also auf ein Neues.

Doch selbst, wenn man nicht glauben mag, dass die Menschheit schon einmal an dem Punkt zur Zerstörung des Planeten und damit zur Selbstzerstörung stand - wir stehen *jetzt* da. Wir stehen heute an genau dieser Stelle. Und unsere Seelen haben die ehrenvolle, große Aufgabe, an dem Geschick dieser Welt Teil zu haben und am Wandel der Gezeiten mitzuwirken; und da wir alle miteinander verbunden sind, *zählt das Bewusstsein jedes einzelnen.*

***

Mache nicht den Fehler und glaube, es würde 'nichts machen', wie du denkst oder fühlst oder 'unterwegs bist'. Das tut es! Es hat einen Grund - auch wenn du ihn nicht sehen oder erkennen kannst - warum du du bist und warum du so bist, wie du bist; warum du ausgerechnet bestimmte Stärken und Fähigkeiten hast und nicht irgendwelche anderen.

Verschwende keine Zeit damit, dir zu wünschen, anders zu sein, als du gemeint bist. Stelle dich deinem Leben und den Aufgaben, die hier und heute für dich im Speziellen und für uns Menschen im allgemeinen dran sind. Entziehe dich nicht! Sei anwesend und echt. Und habe keine Angst, denn es gibt nichts, wovor du Angst haben musst. Du bist sicher aufgehoben in dem Moment, in dem du dies annimmst. Glaube an deine dir geschenkten Fähigkeiten und vertraue auf den, der alles geschaffen hat. Trage seine Liebe, die in dein Herz gegossen ist, in die Welt hinaus. Das ist der beste Beitrag, den du zu der Gesellschaft, dem Leben und dem Erhalt dieser Welt beitragen kannst!

*

Jemanden zu lieben bedeutet
ihn so zu sehen
wie Gott ihn gemeint hat.

Fjodor Michailowitsch Dostojewski

*

Vertrauen - der Schlüssel zu allem

Allen Tieren ist das Vertrauen in die Richtigkeit des Laufs der Dinge zu eigen; das Vertrauen in die Richtigkeit des Schicksals; in die Richtigkeit der ihnen auferlegten Aufgaben. Das Vertrauen in sich selbst, in ihre Fähigkeiten und ihre Instinkte, die sie letzten Endes immer richtig leiten. Sie hadern nicht mit ihren Lebensaufgaben. Sie wehren sich nicht gegen das, was ihnen zum Erleben bestimmt ist. Sie kommen nicht einmal auf die Idee, dem Leben zu misstrauen.

Das Unvermögen, darauf zu vertrauen, dass Gott einen genau so gemeint hat, wie man ist und darüber hinaus das Unvermögen sich selbst zu vertrauen und dadurch die Verbindung zu sich selbst zu verlieren, ist oft der erste Schritt auf dem Weg ganzer Kaskaden von Unglücken. Die meisten Unglücke passieren uns Menschen nämlich dann, wenn wir nicht auf unser 'Bauchgefühl' hören, wenn wir uns nicht selbst folgen, sondern an uns und unserem besseren Wissen - oder auch besseren Fühlen - vorbeihandeln und nicht darauf vertrauen, dass wir sicher geleitet werden. Unser Bauchgefühl ist Gottes Stimme in uns. Es lohnt sich, dieser Gehorsam zu leisten und ihr zu folgen. So können wir nicht fehl gehen.

Auf Grund unseres mangelnden Vertrauens, dass uns zum richtigen Zeitpunkt schon gegeben sein wird, was wir brauchen und dass wir die Fähigkeiten haben, jede Situation meistern zu können, spalten wir uns von der Natur ab und beginnen, zu horten. Beginnen, Kriege um Rohstoffe zu führen. Beginnen, unseren Nächsten zu bekämpfen statt ihn zu lieben. Beginnen, uns gegenseitig umzubringen. Beginnen, das Andersartige, Andersdenkende, Andersfühlende, ausschalten zu wollen, in dem Irrglauben, dadurch die Welt sicherer zu machen.

Wir werden blind für unsere Umwelt, zerstören die Welt, zerstören den Lebensraum, nicht nur den unserer Tiere, sondern auch den Unseren, beuten die Schätze der Welt aus und haben sogar schon damit begonnen, den Planeten tief in seinem Innern zu vergiften, um weiter an seine Rohstoffe zu gelangen (-> siehe Fracking).

*

Es gibt wenige Tiere, die vor dem Winter Nahrung horten. Und es sind auch nur solche, die Pflanzen fressen. Es gibt kein Tier, das auf Vorrat tötet. Es gibt auch kein Tier, dass mehr frisst, als es benötigt. Tiere betreiben keine Völlerei, sie sind nicht genusssüchtig. Tiere leben nach dem natürlichen Grundsatz: 'So viel wie nötig, so wenig wie möglich.'

Tiere ergötzen sich auch nicht an dem Leiden anderer. Sie freuen sich nicht darüber, wenn anderen Böses widerfährt; sie kennen keine Schadenfreude und erleben keine Genugtuung, wenn es anderen schlecht geht. Diese niederträchtige Gesinnung äußerster Bösartigkeit kennt nur der Mensch. Zu dieser letztendlichen Absagung von Gott und seiner Liebe, die er für uns bereit hält und zu der er uns ermahnt, ist von allen Wesen der Welt nur der Mensch in der Lage.

***

Was unterscheidet also die Tiere von uns?

Sie haben keine Angst, sind zu keiner Schadenfreude fähig und leben im Vertrauen dem Leben gegenüber. Sie leben im Vertrauen in ihre eigenen, gottgegebenen Fähigkeiten, Vertrauen in die allumfassende Kraft, die hinter allem steht und alles Leben bedingt. Die Tiere leben im Vertrauen darauf, dass alles, was ist, seine Richtigkeit hat; dass für uns alle gesorgt ist, wenn wir uns nur auf unsere eigenen Fähigkeiten verlassen.

***

*

Wenn du an deinem letzten Tag auf dieser Welt
dem Menschen begegnen würdest,
der du hättest werden können,
wie wäre dieser Mensch
und was würdest du geben,
um einen zweiten Versuch zu bekommen,
dieser Mensch zu werden?

Du hast die Chance soeben bekommen.

unbekannt

*

Das Sehen

Schon in meinem Büchlein 'Kommunikation mit Tieren' (11) habe ich in dem Kapitel 'Die Voraussetzungen' die zwei wichtigsten Punkte beschrieben, die notwendig sind, um nicht nur mit Tieren und der Natur in Kontakt zu treten, sondern auch ihre Botschaft zu sehen und empfangen zu können.

Die erste Voraussetzung ist ein offenes Herz. Wenn wir unsere Herzen verschließen - egal was oder wem gegenüber - können wir weder sehen noch verstehen. Das gilt nicht nur Menschen gegenüber, sondern allem anderen auch.
Es ist heute kein Geheimnis mehr, dass die Wurzel aller Grausamkeiten ein Mangel an Mitgefühl, also Empathie, ist. Oder eben auch: Ein verschlossenes Herz. Da unsere Herzen verschlossen und wir von Angst besessen sind, zudem kein Vertrauen in uns und die Welt haben, sind unsere Herzen blind und wir sehen nicht, wie die Tiere und die Natur, ja die Erde, unter uns Menschen leidet. Und solange wir unsere Herzen verschlossen halten, werden wir es auch nicht sehen *können*.

Die zweite Voraussetzung ist die Anerkennung der Natur und der Tiere als gleich-wertige Wesen, unsere Brüder und Schwestern. Zu gern stellen wir Menschen uns an die Spitze aller Schöpfung, stellen uns über alles andere, ohne zu verstehen, dass dies der Griff zum Baum des Guten und des Bösen ist und wir jedes Mal, wenn wir uns auf- und andere abwerten, uns wieder ein Stück weiter vom Paradies entfernen.

Doch in Anbetracht unserer gemeinsamen Quelle ist es geradezu irrwitzig anzunehmen, wir Menschen seien mehr wert als irgendein anderes Leben auf dieser Welt, welches wie wir geschaffen wurde und uns zur Seite gestellt ist.

*

Ethik besteht darin,
dass ich mich verpflichtet fühle,
allem Leben die gleiche Ehrfurcht
entgegenzubringen,
wie dem eigenen.

Albert Schweizer
ev. Theologe und Philosoph

*

***

Wann endet die Nacht?

Ein weiser Rabbi stellte seinen Schülern einmal die folgende Frage: 'Wie bestimmt man die Stunde, in der die Nacht endet und der Tag beginnt?'

Einer der Schüler antwortete: 'Vielleicht ist es der Moment, indem man einen Hund von einem Schaf unterscheiden kann?'

Der Rabbi schüttelte den Kopf.

'Oder vielleicht dann, wenn man von Weitem einen Dattel- von einem Feigenbaum unterscheiden kann?'

Der Rabbi schüttelte wieder den Kopf.

'Aber wann ist es denn dann?'

Der Rabbi antwortete: 'Es ist dann, wenn ihr in das Gesicht eines beliebigen Menschen schaut und dort eure Schwester oder euren Bruder erkennt. Bis dahin ist die Nacht noch bei uns.'

aus: Cassidische Geschichten

***

Das Geheimnis der Tierwelt

Die Weisheitsphilosophien und Heilschriften aller Zeiten sprechen davon, dass nicht die Verwirklichung aller Wünsche, sondern die Wunschlosigkeit zur Erlösung und damit zur Glückseligkeit führt. Erlösung kommt von loslassen. Frieden zieht in die Seele ein, wenn wir all das loslassen, was wir meinen, noch haben zu wollen oder sein zu müssen. All das, wo wir meinen hin zu sollen oder was wir glauben, erreichen zu müssen.
Es sind die Vorstellungen in unseren Köpfen, die uns unseren inneren Frieden rauben. Wir verlieren uns im Haben-Wollen, anstatt in der Annahme all dessen zu leben, was jetzt ist. Ohne Forderungen. Ohne Vorstellungen. Ohne Zukunftspläne. Ohne Enttäuschungen, wenn die Pläne nicht wahr werden.

Die Tiere leben ganz im Hier und Jetzt, im totalen Augenblick, in der absoluten Annahme von allem. Sie sind tief verbunden mit den ihnen innewohnenden Schöpferimpulsen. Sie *wissen* einfach und reagieren entsprechend. Sie sind eingebettet in den großen, universellen Kontext der absoluten Anwesenheit im ewigen Augenblick, sodass sie ihr Leben nicht *machen* müssen, sondern sich leiten lassen können, sich hingeben können und das Leben entscheiden lassen können, das ihre Bahnen und ihr So-Sein längst bestimmt hat. Sie können nicht fehl gehen.

Kein Tier wird jemals gegen seine eigene Intuition handeln. Kein Tier wird sich jemals gegen seine Instinkte und damit gegen sich selbst entscheiden, denn das wäre eine Entscheidung gegen den ihm innewohnenden Schöpferimpuls, mit dem es direkt verbunden ist und zu dem es einen direkten Zugang hat.
Darum wird kein Tier jemals sein So-Sein zugunsten materiellen Reichtums aufgeben *können*. Somit kann ein Tier sich niemals an der Schöpfung versündigen und sich auf diese Weise, durch eigen Schuld, von ihr abtrennen.

Der ewig lebende Teil der Tiere ist mit allen anderen ebenso verbunden, wie der ewig lebende Teil in jedem einzelnen von uns. Da sie sich selbst nicht im Weg stehen, ganz rein und echt sind, ist ihnen der Zugang zum Paradies nicht versperrt. Sondern das Paradies, der paradiesische Zustand, eins zu sein mit sich und dem Leben, ist alles, was sie kennen. Es sei denn, der Mensch - getrennt von sich und der Welt - greift in ihre Leben ein, zerstört sie und ihren Lebensraum, entzieht ihnen ihre Existenzgrundlage, quält sie und macht ihnen das Leben zur Hölle.

*

Die Tiere unterliegen keinem von anderen auferlegten Wertesystem. Sie unterwerfen sich nicht irgendwelchen Dogmen, Trends oder Modeerscheinungen, keiner politischen Korrektheit oder angeblichen gesellschaftlichen Wertvorstellungen. Demnach sind sie vorbehaltlos und ganz, echt und absolut im Augenblick.

Sie folgen ihrer ihnen innewohnenden Natur und leben im Einklang mit sich und der Welt, ohne dass es ihnen möglich wäre, sich gegen sie aufzulehnen oder sich von ihr abzuspalten.

Ganz eins mit sich und der Natur, ihrer selbst und ihres Wesens, wandeln sie auf den ihnen zugewiesenen Pfaden, ohne sich selbst zu leugnen oder sich zu belügen. Weder auf sich noch auf irgendetwas auf der Welt erheben sie einen Anspruch; sie urteilen nicht; sie bewerten nicht; sondern sie sind frei - frei von allen Negierungen, frei von Befindlichkeiten, frei von Ablehnungen und Urteilen jedweder Art. Sie leben immer und ausschließlich ihrer Natur gemäß und alles, was das Leben und die Welt der Menschen verkompliziert und belastet, hat in der ihren keinen Platz.

*

Die Essenz uralten Wissens der Tiere

Das Leben ist Jetzt. Nicht gestern und nicht morgen. Das Universum ist ewig und die Zeit nur auf der Erde linear. In der Ewigkeit und dem ewigen, bewussten Sein ist alles gleichzeitig. Zeit, wie wir sie kennen, existiert dort nicht.

Die Tiere sind die Schnittstelle zwischen ewigem und zeitlich bedingtem Bewusstsein. Sie leben in beiden Welten parallel. Sie haben Zugang sowohl zu der einen, als auch zu der anderen. Sie können sowohl mit uns kommunizieren, als auch im ewigen Augenblick sein, ohne Vergangenheit und ohne Zukunft, ganz, rein und echt in sich selbst. Ohne Absicht. Ohne Fehl. Absolut.

Das, was wir nur den höchsten Erleuchteten zusprechen, ist ihre Natur. Der Zustand, den ein Mensch über viele Inkarnationen und Erfahrungskreisläufe, durch Meditation und die Erlangung von Bewusstsein versucht zu erreichen, wohnt ihnen von Natur aus inne.

Sie sind im absoluten Zustand der urteilsfreien Klarheit und Selbstheit. Sie sind der Spiegel dessen, was wir in unseren höchsten seelischen Sehnsüchten erhoffen zu erlangen: Der totalen Präsenz, der Verbundenheit mit den eigenen Urinstinkten und Schöpferimpulsen, mit Gott und seinen durch die Natur offenbarten Gesetzen, die einen sicher leiten und die keine Fragen oder Zweifeln offen lassen.

Sie sind, was wir zu erreichen uns so sehr bemühen: Im tiefsten Frieden mit sich, mit ihrem So-Sein und der Welt, in der zu leben sie bestimmt sind.

*

Das Leben aller Lebewesen,
seien sie nun Menschen, Tiere oder andere,
ist kostbar,
und alle haben dasselbe Recht,
glücklich zu sein.
Alles, was unseren Planeten bevölkert,
die Vögel und die wilden Tiere,
sind unsere Gefährten.
Sie sind Teil unserer Welt,
wir teilen sie mit ihnen.

Dalai Lama
buddhistischer Mönch

*

Die Botschaft der Tiere

Wenn Tiere uns als Botschafter Gottes gesandt wurden - was ist dann die Botschaft der Tiere an uns?

Die Tiere sind 'in Gott'. Sie sind schon immer dort gewesen. Sie sind in der Ganzheit. Sie haben ihre Ganzheit nie verloren. Sie sind seit jeher im ewigen Augenblick. Ohne Urteil. Ohne permanente Reflexion über Vergangenheit und Zukunft.

Sie tragen einem nichts nach. Sie nehmen einem nichts übel. Sie sinnen nicht auf Rache. Sie fällen keine Urteile über sich, andere und die Welt.

Das Wildlife ist sicher nicht immer einfach. Auch hier gibt es 'Fressen und Gefressenwerden'. Doch die Tiere töten nicht aus Lust oder aus Gier, nicht aus Spaß oder aus wirtschaftlichen Interessen - wie der Mensch. Sie führen keine Kriege. Sie leben in Frieden mit sich und der Welt, mit dem, was sie sind und mit dem Schicksal, das ihnen auferlegt wurde. Ohne Negierung eigener Aspekte. Ohne auch nur einen Hauch von Selbstablehnung.

Nur der Mensch kennt es, sich selbst abzulehnen, sich schuldig zu fühlen, sich zu hassen. Das kennt kein Tier. Nur der Mensch kennt Dinge wie Selbsthass und Selbstzerstörung. Und die Botschaft der Tiere ist - darum wurden sie uns ja als Botschafter gesandt - dass die Freiheit und Glückseligkeit im absoluten Augenblick liegt. Darin, sich selber anzunehmen; weder in der Vergangenheit noch in der Zukunft zu schwelgen und sich selbst zu zerfleischen sondern darin, echt zu sein, authentisch zu sein, rein zu sein; ohne Absicht zu sein; ohne Hintergedanken und ohne Falschheit. Nicht in sich gespalten, sondern eins mit sich selbst. Darin, das Leben anzunehmen, sein So-sein zu akzeptieren und das einem auferlegte Schicksal mit Würde zu tragen.

***

Der Zustand der Tiere heute, die in Massen gehalten und in Massen vernichtet werden, ist ein Ausdruck *unseres* Verlustes der Verbindung mit ihnen und der Welt. Es ist Ausdruck *unserer* Unfähigkeit, sie als gleich-wertige Geschöpfe anzuerkennen, sie zu sehen und zu schätzen. Nicht der ihren. *Wir* sind diejenigen, die aus niederen Beweggründen wie Gier, Genusssucht und Völlerei handeln. Nicht sie.

***

***

Die Bekehrung des Vogelfängers

Und als Jesus nach Jericho ging, begegnete Ihm ein Mann mit jungen Tauben und einem Käfig voller Vögel, welche er gefangen hatte. Und Er sah ihren Jammer darüber, dass sie ihre Freiheit verloren hatten und außerdem Hunger und Durst litten.

Und Er sprach zu dem Manne: 'Was tust du mit diesen?' Und der Mann antwortete: 'Ich lebe davon, dass ich die Vögel verkaufe, die ich gefangen habe.'

Und Jesus sprach zu ihm: 'Was denkst du, wenn ein Stärkerer oder Klügerer, als du bist, dich gefangen nehmen und dich fesseln würde oder auch dein Weib oder deine Kinder und dich ins Gefängnis werfen würde, um dich zu seinem eigenen Vorteile zu verkaufen und seinen Lebensunterhalt damit zu verdienen?

Sind diese da nicht deine Mitgeschöpfe, bloß schwächer als du? Und sorget nicht derselbe Gott, Vater und Mutter, für sie ebenso wie für dich? Lasse diese deine kleinen Brüder und Schwestern in Freiheit, und siehe zu, daß du solches nie wieder tust, sondern daß du ehrlich dein Brot verdienst.'

Und der Mann erstaunte über diese Worte und Seine Vollmacht und ließ die Vögel frei. Als die

Vögel herauskamen, flogen sie zu Jesus, setzten sich auf Seine Schultern und sangen Ihm.

Und der Mann fragte weiter nach Seiner Lehre, und er ging seines Weges und erlernte das Korbflechten. Durch seine Arbeit erwarb er sich sein Brot und zerbrach seine Käfige und Fallen und wurde ein Jünger Jesu.

aus: Das Evangelium des vollkommenen Lebens, oder auch: Das Evangelium Jesu, 41, 1 - 6

***

Man kann anders leben. Leben kann anders funktionieren. Es stimmt nicht - was oft proklamiert wird - dass keiner wissen kann, wie man das Leben zu leben und miteinander umzugehen hat. Wir haben in den Tieren unsere Lehrer direkt vor uns.

Es geht nicht um das Haben, es geht um das Sein. Es geht darum, bewusst und im Frieden mit uns selbst zu sein. Die Tiere wurden uns geschickt, damit wir verstehen, was sie uns zu sagen haben und weniger darum, ihnen zu sagen, was sie tun und wie sie sich verhalten sollen. Es geht nicht darum, ihnen unseren Willen aufzupfropfen, sondern darum, ihnen zuzuhören.

***

Die Befreiung der Vögel

Und eines Tages kam der Knabe Jesus an einen Ort, wo eine Falle für Vögel gestellt war, und es standen einige Knaben dabei. Und Jesus sprach zu ihnen: "Wer hat diese Schlinge hierher gelegt für die unschuldigen Geschöpfe Gottes? Siehe, sie werden in gleicher Weise in einer Schlinge gefangen werden." Und Er erblickte zwölf Sperlinge, die waren wie tot.
Und Er bewegte Seine Hände über ihnen und sprach zu ihnen: "Flieget hinweg, und solange ihr lebet, denket an Mich." Und sie erhoben sich und flogen hinweg mit Geschrei. Die Juden, die das sahen, waren sehr erstaunt und erzählten es den Priestern.

aus: Das Evangelium des vollkommenen Lebens, oder auch: Das Evangelium Jesu, 6, 7 - 8

***

Warum führen wir Menschen Kriege? Warum beuten wir uns gegenseitig aus und stürzen uns in Elend? Was muss sich ändern, damit sich das Zusammenleben auf diesem Planeten friedlicher gestaltet? Was können wir tun, um die Verhältnisse hier zu verbessern?

Wenn wir eine Antwort auf all diese Fragen finden und wissen wollen, wie man in Frieden miteinander leben kann, im Einklang mit der Natur, ohne Zerstörung, Not und Verwüstung anzurichten, dann sollten wir unseren Blick auf die Welt der Tiere richten. Und versuchen, die Botschaft, die sie für uns bereit halten, zu empfangen. Sie birgt wichtige Erkenntnisse zu einem größeren und höheren Verständnis unseres Lebens - unseres *Zusammenlebens*.

Tiere üben keine Rache. Sie werten nicht. Sie unterteilen die Welt nicht in Gut und Böse. Sie unterstellen einem nichts. Sie machen keine falschen Anschuldigungen und beschuldigen sich gegenseitig nicht irgendwelcher Dinge.

Tiere lügen nicht. Sie sind immer echt. Sie folgen ihrer Bestimmung und ihren inneren Eingebungen. Sie sind so mit der Natur verbunden, dass es für sie keine Zweifel am Sinn ihres Daseins gibt, denn das Dasein selbst ist der Sinn ihrer Leben.

Die Tiere leben das 'Paradies'. Sie entziehen sich nicht ihrer selbst. Sie versuchen nicht, vor sich selbst und ihrem So-Sein davonzulaufen oder sich von sich selbst abzuwenden. Sie leben in der stillen Akzeptanz von allem; und es ist eben diese stille Akzeptanz von allem, die die Erleuchtungsphilosophien des Yoga als den ersten Schritt auf dem Weg ins Nirvana, der ewigen Glückseligkeit, beschreiben. Sie sind in Gott und Gott in ihnen.

Sie haben sich nie versündigt an ihrer eigenen Natur noch an ihrem Nächsten noch an der Welt. Sie sind absolut schuldlos und somit unbelastet und frei. Nichts steht vor ihnen, was sie von ihrem Leben, ihrem So-Sein oder der Welt in irgendeiner Weise trennen könnte. *Sie sind eins mit dem Vater und der Vater ist eins mit ihnen.*

Sie wurden uns als Botschafter gesandt, damit wir verstehen, was es heißt, ganz zu sein. Damit wir - durch sie - verstehen und erleben und begreifen können, was es bedeutet, Ganz - Jetzt - Hier zu sein.
Und damit heil.
Und damit dem Himmel ganz nah.

*

Drum lasset uns nach dem streben,
was zum Frieden dient
und zur Auferbauung untereinander.

aus dem Brief an die Römer 14, 19

*

Wasserkristall '*Dankbarkeit*' nach Masaro Emoto (12)

Der Weg nach Hause

Es ist ganz und gar möglich, den Weg nach Hause zu finden. Wir brauchen nicht zu warten, bis wir diese Welt verlassen und zurück in unsere Seelenheimat gehen, um in den ewigen Gefilden Frieden und Liebe zu finden. Wir können uns unser Zuhause, das Paradies, auch hier auf der Erde, auf diesem Planeten erschaffen. Es ist tatsächlich möglich, uns in ein neues, anderes Bewusstsein hineinzuentwickeln, von dem nicht nur die heiligen Schriften und die Erleuchteten im Laufe unserer Erdgeschichte berichtet haben, sondern von dem uns auch die Tiere erzählen, indem sie es uns Tag für Tag vorleben.

Wir Menschen können noch umkehren. Wir müssen diese Welt nicht zerstören. Es muss nicht alles so weitergehen wie bisher. Es ist möglich, den Weg zurück ins Paradies zu finden, doch können ihn uns nur diejenigen weisen, die ihn kennen.

Wenn wir den Tieren erlauben, uns den Weg zu weisen, werden wir ihn finden. Wenn wir ihre Botschaft ernstnehmen, sie verinnerlichen und versuchen, sie zu entschlüsseln, werden wir sie verstehen.

Die Tiere haben das Paradies nie verlassen. Wer, wenn nicht sie, könnten uns diesen Weg weisen?

Frieden - die Grundlage für alles

Wenn wir den Frieden nicht *in uns* finden, dann werden wir auch nicht in der Lage sein, ihn in die Welt zu bringen. Gandhi sagte einmal: 'Es gibt keinen Weg zum Frieden. Der Friede ist der Weg.'

Jesus bringt den Frieden zwischen allen Tieren und dem Mensch

Denn der Geist göttlicher Menschlichkeit erfüllt ihn und erfüllte so alle Dinge um ihn und macht ihm alles untertan. Und also erfüllten sich die Worte der Propheten: Der Löwe soll liegen bei dem Kalbe und der Leopard bei dem Zickelein und der Wolf bei dem Lamm und der Bär bei dem Esel. Und die Eule bei der Taube und ein Kind soll sie führen. Und niemand soll verletzen oder Töten auf meinem Heiligen Berge, denn die Erde soll erfüllt werden von der Erkenntnis des Heilgen ebenso wie die Wasser bedecken das Bett des Meeres. Und in diesen Tagen will ich nochmals einen Bund schließen mit den Tieren der Erde und den Vögeln der Luft, mit den Fischen des Meeres und mit allen Geschöpfen der Erde. Und ich will den Bogen zerbrechen und das Schwert. Und alle Werkzeuge des Krieges will ich verbannen von der Erde und sie sollen weggelegt werden in Sicherheit, damit alle ohne Furcht leben.

Die Tiere können uns in ihrer stillen Schicksalsergebenheit, in der demütigen Annahme ihres individuellen Lebens, in der vorbehaltlosen Übereinkunft mit ihrem eigenen So-Sein eine Lektion vermitteln, die es sich zu lernen lohnt.

Immer wieder fragen wir uns, was wir tun können, um diese Welt zu verändern und zu verbessern. Manchmal drohen wir, daran zu verzweifeln, dass wir - als Einzelmensch - doch eigentlich überhaupt nichts ausrichten können. Doch das können wir. Die Tiere wurden uns als Botschafter gesandt, und ihre Botschaft birgt die Geheimnisse *des* Lebens, das wir uns alle erhoffen und von dem wir träumen.

Schaut euch die Welt der Tiere an. Holt sie euch in euer Bewusstsein und versucht, die Botschaft ihrer Leben an uns und an die Welt zu verstehen und sie zu erspüren.

Wenn ich es schaffe, die Tiere zu erfassen, ihre Botschaften zu verinnerlichen und umzusetzen, werde ich wirklich wahren Frieden in meiner Seele finden können; und dieser Friede wird grundlegende Auswirkungen haben - auf mich, auf meinen Nächsten, auf meine naheliegende Gemeinschaft, auf die Menschen, die mir begegnen und am Ende auf die Welt.

*

Zuletzt, liebe Brüder, freuet euch,
seid vollkommen,
tröstet euch,
habt einerlei Sinn,
seid friedsam!
So wird der Gott des Friedens und die Liebe
mit euch sein.

aus dem 2. Brief an die Korinther 13, 11

*

Quellenverzeichnis

(1) - Doku - Gene ohne Grenzen - China erobert die DNA

(2) - Hair - Alles über Alternative Haarpflege, Antonia Katharina Tessnow

(3) - www.weltbevoelkerungs.de

(4) - www.br.de Kategorie Wissen

(5) - www.philipphauer.de

(6) - www.weltbevoelkerungs.de

(7) - www.mpic.de Max-Planck-Institut

(8) - Exit Mundi, Die besten Weltuntergänge, Maarten Keulemans

(9) www.brefeld.homepage.t-online/groessenvergleich.html

(10) - aus der Film-Dokumentation 'What The Bleep Do We Know?'

(11) - Kommunikation mit Tieren, Antonia Katharina Tessnow

(12) - www.misterwater.eu/wasserkristallbilder-nach-masaru-emoto

*Tipps zur Recherche
+ relevante Suchbegriffe
zum Thema:*

- Dr. Werner Gitt

- Evolution vs Schöpfung

- Earth Convex

- Tierliebe Jesu

- Das Evangelium Jesu - hierzu gibt es eine gleichnamige Serie auf Youtube von mir, in der ich einige Verse aufgelesen habe, die einen kleinen Einblick ins Thema geben

- Neuralink

- ID2020

- Video mit dem Titel: Ist das die Endzeit? Erfüllt sich die biblische Offenbarung? Offener Brief an Pfarrer und Prediger

- auch interessant in diesem Kontext ist das Video mit dem Titel: Berichterstattung der heutigen Zeit - oder: Warum die Medien nicht frei sein können + Alternativen

- Buchtipp: Rückkehr von Morgen

- Rückkehr von Morgen, Dieses Buch stellt Sie vor die entscheidenden Fragen Ihres Lebens - George Ritchie, Elizabeth Sherrill

- Beyond the Darkness, my Near-Death Journey to the Edge of Hell and back - Angie Fenimore

- Diese beiden Bücher sind auch vorgestellt in dem kurzen Youtube-Video *Ein Blick in die Hölle? Nahtoderfahrungen - die dunklen Erlebnisse*

- *Video: Die Hölle ist real!! Horror Nahtoderfahrung eines Mannes bestätigt was in der Bibel steht*

- Kehret zurück ihr Menschenkinder, die Grundlegung der christlichen Reinkarnationslehre - Till A. Mohr

Über die Autorin:

Antonia Katharina Tessnow, geboren 1975 in Berlin, absolvierte nach Beenden der Schule ihren Highschool-Abschluss in den USA. Nach einem einjährigen USA-Aufenthalt kehrte sie nach Deutschland zurück und arbeitete viele Jahre hauptberuflich als Berufsreiterin. Mit 22 wechselte sie in einen Sportstall nach Schleswig-Holstein, in dem sie sich auf die Dressur spezialisierte und Pferde aller Klassen trainierte und ausbildete.

Mit 28 wechselte sie ins Berliner Olympiastadion und arbeitete dort 6 Jahre als Landesverbandstrainerin des modernen Fünfkampfes in der Disziplin Springreiten. Berufsbegleitend studierte sie Heilpraktik, Tierheilpraktik und ganzheitliche Psychologie und besuchte eine dreijährige Fortbildung am Institut für Emotionale Prozessarbeit.

Mitte 30 verließ sie den Reitsport, ging an eine Uniklinik nach Sri Lanka und erwarb dort ihre internationale Heilerlaubnis. Es folgten 3 Jahre, in denen sie zwischen Indien und den USA hin- und herpendelte, psychoenergetische Sitzungen leitete und sich weiterbildete.

Antonia Katharina ist Doctor of holistic Medicine und Psychology, hat sich umfassend mit alternativen Heilweisen befasst, wozu auch der therapeutische Einsatz von Musik gehört und besuchte Kurse von dem führenden Reinkarnationstherapeuten Trutz Hardo. Im Laufe ihres Indienaufenthaltes spezialisierte sie sich auf psychoenergetische und musikalische Heilarbeit, Reinkarnationstherapie und Pflanzenheilkunde.

Seit 2009 lebt sie wieder in Deutschland und widmet

sich seitdem nicht nur ihrer künstlerischen, heilpraktischen und schriftstellerischen Arbeit, sondern setzt sich auch intensiv mit dem Thema Hunde auseinander - vorrangig der Rasse Bolonka Zwetna. Zusätzlich gab sie vereinzelt Konzerte und umrahmte etliche Veranstaltungen musikalisch.

Neben dem Schreiben von Büchern und ihrer tierheilpraktischen und -therapeutischen Arbeit, die sie seitdem weiter vertiefte, absolvierte sie eine Zusatzausbildung zur Hundefriseurin und besuchte diverse Weiterbildungen zum Thema Haltung, Zucht und Tierkunde. Des weiteren absolvierte sie einen berufsbegleitenden Studiengang der Musik. Heute lebt Antonia Katharina Tessnow am Rande eines Dorfes in Mecklenburg-Vorpommern und betreibt die kleine Rassehundezucht der 'Zarenhunde aus dem Alten Jagdhaus'.

Webseite der Autorin:
www.antonia-katharina.de

Webseite der Hundezucht 'aus dem Alten Jagdhaus':
www.bolonka-zucht.de

Zusätzliche Webseiten:
www.light-in-time.com

www.tattoo-spirit.com

*Antonia Katharina Tessnow
aus dem Alten Jagdhaus*

weitere Bücher von Antonia Katharina Tessnow

Heilbehandlungen für Dich und Dein geliebtes Tier

*Erinnere Dich
an Deine verborgenen Fähigkeiten*

Heilende Fähigkeiten wohnen in uns allen. Nicht nur in wenigen Auserwählten, sondern auch in Dir. Dieses Buch ist eine Erinnerung an all das, was Du kannst. Es beschreibt unterschiedliche Möglichkeiten, wie Du Deine heilenden Fähigkeiten nutzen und in Form von Heilbehandlungen einsetzen kannst - zum höchsten Wohle von Dir, Deinem geliebten Tier und Deinem geliebten Nächsten.

Antonia Katharina Tessnow studierte ganzheitliche Naturheilmedizin für Mensch und Tier, erlangte ihre internationale Heilerlaubnis an der int. Universität in Colombo und ist Doctor of Acupuncture und Homeopathy des Medicina Alternativa Institutes der Devi Clinic und Faculty of Integrated Medicine. Sie absolvierte eine mehrjährige Ausbildung am Institut für Emotionale Prozessarbeit, deren wesentliche Inhalte aus psycho-energetischen Prozessen, direktem Channeling und der Arbeit mit Informationsstrukturen im morphogenetischen Feld bestand. Während ihres 3-jährigen Indienaufenthaltes spezialisierte sie sich auf das Auslesen karmischer Lebensaufgaben und leitete Rückführungen in frühere Leben.

Bolonka Zwetna

Von der Empfindsamkeit der Hundeseele und der Liebe, die sie schenkt

Dieser kleine Ratgeber soll nicht nur zum allgemeinen Verständnis der Beziehungen von Hunden zu uns Menschen beitragen, sondern vor allem den Menschen in seiner Seele berühren. Neben kurzen Überblicken über Rassestandard, Ernährung, Fellpflege und Haltung führt die Autorin den Leser in die facettenreiche Welt der Hundeseele, die voll tiefer Empfindsamkeit ist und niemanden unberührt lässt, der die Fähigkeit besitzt, zu fühlen.

Antonia Katharinas Liebe gilt seit jeher den Tieren. Viele Jahre war sie hauptberuflich in der Reiterei tätig bevor sie Heilpraktik, ganzheitliche Psychologie und Tierheilpraktik studierte. Seitdem widmet sie ihr Leben den Kleinhunderassen im Allgemeinen und dem Bolonka Zwetna im Speziellen. Neben ihrer schriftstellerischen, musischen und tierheilpraktischen Arbeit hat sie sich auf die Auftragsmalerei von Tierfotos spezialisiert und betreut ihre kleine Rassehundezucht der 'Zarenhunde aus dem Alten Jagdhaus'.

Die Hundezucht 'aus dem Alten Jagdhaus' präsentiert sich unter

www.bolonka-zucht.de

Serie:

Die biblischen Bücher als Einzelausgabe im Großdruck

inklusive Übersetzungsalternativen aus unterschiedlichen Quellen

Warum Einzelausgaben der biblischen Bücher? Der Grund ist so einfach wie praktisch: Die Bibel hat auf Grund ihres vollen Umfangs, selbst bei großformatigen Ausgaben, zumeist eine sehr kleine Schrift und ist demnach entsprechend schwer zu lesen. Möchte man zudem die Bibel gerne mitnehmen, um unterwegs zu lesen, entscheidet man sich schnell dagegen, solch ein schweres Buch den ganzen Tag mit sich umherzutragen.

Einzelne Bücher der Bibel erlauben dagegen eine für die Augen angenehme Schriftgröße und erleichtern somit das Lesen erheblich. An Stelle eines umfangreichen, schweren Buches ist es nun möglich, einen Text Ihrer Wahl in leicht tragbarer Ausführung mitzunehmen. So kann die Bibel einfach unterwegs gelesen werden. Mit anderen Worten: Luther hat die Bibel zugänglich gemacht, diese Version macht sie mühelos lesbar.

Zudem eignen sich die einzelnen Bücher hervorragend als Einstieg in die Bibel sowie als

Geschenk; nicht nur für Menschen, welche die biblische Heilsbotschaft bereits erreicht hat, sondern auch für alle, die sich noch nicht an die Heilige Schrift heranwagten oder sich von dem Gesamtumfang der Bibel möglicherweise überfordert fühlen.

Die Botschaft der Bibel kann eine große Hilfe und Stütze sein, Zuversicht schenken, Hoffnung machen und uns trösten, gerade in einer Zeit, in der wir des Trosts so sehr bedürfen.

Wer den Weg nach Hause sucht, der soll wissen, dass er offen steht. Dieser Weg wird in der Heiligen Schrift gewiesen. Mit der Entscheidung, sich für die Botschaft der Bibel zu öffnen und diesen Weg zu gehen, haben unzählige Menschen seit Jahrhunderten ihr Heil gefunden. Und das bis zum heutigen Tag.

Übersetzung nach Martin Luther, 1545

Schriftsatz, Layout, Formatierung:
Antonia Katharina Tessnow

www.antonia-katharina.de

Kommunikation mit Tieren

ein Essay

Tierkommunikation ist keine Kunst, die nur wenigen Auserwählten vorbehalten ist, sondern eine Fähigkeit, die in jedem von uns schlummert und uns allen innewohnt. Es ist nichts, was man lernen muss, sondern es ist etwas, woran man sich erinnern kann, wenn man dafür bereit ist. Dieses kleine Büchlein beschreibt in kurzen, aufeinander aufbauenden Abschnitten die Kommunikation mit Tieren. Es soll dabei helfen, sich an seine ursprünglichen Fähigkeiten zu erinnern und sie wieder nutzbar zu machen; es soll ein Wegweiser sein und zeigen, dass jede Begegnung eine Aufgabe für uns bereit hält, für die es immer eine Lösung gibt und an der wir wachsen können. Alles hat einen Sinn und es lohnt sich, darauf zu vertrauen. Selbst wenn wir ihn manchmal nicht gleich verstehen.

Textauszug: 'Jede Kommunikation ist individuell. Jede Verbindung, jedes Karma einmalig. Manchmal sind die Tiere überhaupt erst dafür da, um dem Menschen die gefühlte, intuitive Wahrnehmung und Kommunikation zu erschließen. Es ist ein Gewinn für alle, wenn der Mensch beginnt, eine Verbindung zu seinem Tier und damit zu sich selbst herzustellen, sich seinen Themen und deren Botschaften zu öffnen und von ihnen zu lernen. Wenn du dazu bereit bist, das Tier in seiner Ganzheit zu erkennen und als gleich-wertig zu schätzen, wenn du dich auf dein Ganz-Sein einlässt und dem Tier genauso erlaubst, es selbst zu sein, wie es das Tier dir erlaubt, dann entsteht wahre Verbundenheit. Wenn du über die weit verbreiteten Trainingsmethoden der Dominanz und der autoritären Kontrolle hinauswächst und dich dem tieferen Sinn einer Begegnung zuwendest, wenn du versuchst zu erkennen, was dein Gegenüber dir beibringen will, dann beginnt die Kommunikation mit deinem Tier.

Der Hund -
Das unbekannte Wesen

Was Sie tun können, damit Ihr Hunde Sie liebt

*Ein Leitfaden zur Eingewöhnung
des Hundes in ein neues Heim*

Nach langjähriger Erfahrung als Hundezüchterin, Hundefriseurin, Youtuberin und Autorin sind mir viele Menschen und noch mehr Fragen begegnet, aus denen dieser Ratgeber entstand.

Nach bestem Wissen und Gewissen habe ich viele Antworten auf die mir begegneten Fragen sowie meine Erfahrungen und Erkenntnisse aufgeschrieben - *für Menschen wie Sie.* Für Menschen, die sich wagen, das große Abenteuer einzugehen, einer Hundeseele ihr Herz zu öffnen.

So hoffe ich inständig, dass ich Ihnen mit diesem Büchlein helfen kann, das Richtige zu tun, eine gute Fühlung zu Ihrem neuen Begleiter aufzunehmen und einen Beitrag zu mehr Verständnis zwischen der Menschen- und der Tierwelt leisten zu können. Meine tiefste Sehnsucht ist eine friedliche und tier-liebende Welt, in der wir Menschen unserer Verantwortung den Tieren und der Natur gegenüber gerecht werden, die uns in diesem einen, wohl wichtigsten Leitsatz überliefert ist:

'Seid niemandem etwas schuldig, außer, dass ihr euch untereinander liebet. Denn wer den anderen liebt, der hat das Gesetz erfüllt.'

aus dem Römerbriefen 8, 13

CD s von Antonia Katharina Tessnow ausschließlich
erhältlich über *amazon.com*
Bücher sind in jedem Buchhandel erhältlich

Bolonka Zwetna Terminplaner

Ob Beagle, Yorkshire, Pudel oder Mops; Dackel, Terrier, Schnauzer oder Schoßhund - dieser Kalender spricht Kleinhunde aller Rassen an. Mit kurz umrissenen Themen sowie berührenden Hundehoroskopen gibt er nicht nur konstruktive Ratschläge zu den alltäglichen Bedürfnissen ihres Lieblings, sondern verleiht auch einen Einblick in die Seele und das innerste Lebenserlebnis dieser wundervollen Wesen, die ein jedes Leben um ein vielfaches bereichern.

Einführung: Jeder Mensch, der sich Hunden verbunden fühlt, spürt in sich meist auch eine tiefe Verbindung zur Natur, denn die Vierbeiner tragen einen großen Teil dazu bei, dass wir Hundemenschen uns viel draußen aufhalten, dem Wind und Wetter trotzen und auch unter widrigsten Umständen das Haus verlassen. Dieser Kalender soll dazu beitragen, dass sich das wunderbare Gefühl der Naturverbundenheit noch weiter vertieft. Aus diesem Grunde wird hier nicht nur auf die neu-christlichen, sondern auch auf die alten, keltischen Feiertage zurückgegriffen und damit auf uraltes Wissen, das aus einer Zeit hervorging, in der sich die Menschen noch als ein Teil der Natur wahrnahmen.

Des Weiteren sind die Mondstände in den einzelnen Zeichen angegeben, die Sonnenzeichen, d.h. die Sternzeichen, vermerkt und 12 kleine Themen umrissen. Es ist jeweils der genaue Tag des Übertritts der Sonne in das neue Zeichen angegeben, wie er in den Sternzeitberechnungen angegeben ist und der von Jahr zu Jahr ein klein wenig variieren kann. Möge dieser Kalender jedem Hundebegeisterten ein paar neue Einblicke geben, sowohl in den praktischen Umgang mit dem Hund, als auch in die Seele dieser wundervollen Wesen, die ein jedes Leben um ein vielfaches bereichern.

CD s von Antonia Katharina Tessnow ausschließlich
erhältlich über *amazon.com*
Bücher sind in jedem Buchhandel erhältlich

Celtic Spirit

*Eine Reise in die Tiefen
zeitloser keltischer Weisheit*

In den Kulturen aller Zeiten findet man Spuren von der ursprünglichen Verbundenheit zwischen Mensch, Welt und Universum. Nicht nur bei den Kelten, sondern überall schien der Geist des Einklanges in der einen oder anderen Weise wirksam zu sein. Das *Einssein mit Allem*, woraus auch der Keltische Spirit hervorging, schien in uriger Zeit auf der ganzen Welt präsent und Grundlage jeder Form der Wahrnehmung.

Möge 'The Celtic Spirit' eine Idee davon geben, wie man über das Erfühlen der Bäume eine Verbindung zum Leben herstellt, wie sich die einzelnen Bäume anfühlen, warum sie bestimmten Zeitabschnitten im Jahr zugeordnet wurden und was sie mit diesen unterschiedlichen Zeitqualitäten gemein haben.

Und möge dieses Büchlein Inspiration für all diejenigen sein, die sich nicht nur ein ganzheitlicheres Verständnis mit der Natur wünschen, sondern sich auch nach einer tieferen Verbundenheit mit dem Leben sehnen.

Madras

Zauber der Palmblätter

Die Palmblattbibliotheken: Tausende Jahre alt und bis heute ein ungelöstes Rätsel. Das Geheimnis dieses Ortes ist das Thema dieses Buches. Die Geschichte dreht sich um eines der größten Rätsel der Menschheit.
Eine Reise führte mich dort hin. Ich habe meine kleine Heimatstadt verlassen um der Sagenumwobenen Legende auf den Grund zu gehen, die besagt, dass dort alle Lebensgeschichten aller Menschen niedergeschrieben sind; allerdings nur von denjenigen, die sich aufmachen, um danach zu suchen.
Eben das habe ich getan.
Und dies ist es, was ich gefunden habe.

**Dieses Buch
liegt in deutscher und englischer Fassung vor.**

Menschen, die dieses Buch gelesen haben:

"Ein interessantes Buch. Wer will, findet die Antwort auf die Frage: Wie viele Leben hat ein Mensch?"
Günther Prinz, Publizist, ehemaliger Chefredakteur der 'Bild', Deutschland

"Da steht also mein ganzes Leben auf einem Palmenblatt in Madras. Dieses Buch hat mein Verständnis von Raum und Zeit grundlegend verändert."
Fritz Bloomberg, Ex-Vizepräsident Burda Media, New York

"Ein außergewöhnliches Lesevergnügen, das meine Sicht auf die Welt verändert hat."
Gregor Tessnow, Schriftsteller und Drehbuchautor

Sternenstaub am Horizont

oder

Breakable - Zerbrechlich

der Fall

zwischen Selbstwert und Vernichtung

'Es gibt Geschichten im Leben, die hätte man lieber nicht erlebt.' Diese Aussage trifft auf viele Ereignisse zu. Doch meist ist diese Aussage nur auf den ersten Blick wahr; schaut man tiefer und geht der Frage nach: *Was hat mir dieses Ereignis zu sagen?*, oder: *Was hat mich dieses Ereignis zu lehren?,* wird oft der tiefere Sinn einer Erfahrung offenbar.

Nicht nur die Geschichte, die in dem Roman **Breakable - Zerbrechlich** verarbeitet ist, war eine dieser Erfahrungen, sondern auch all das, was um den Roman herum geschah. Vordergründig ein Thriller, hintergründig eine wertvolle Lektion über Selbstwert und Zerstörung.

Was geschieht, wenn der Selbstwert fehlt? Welche Auswirkungen hat das Fehlen von rechtzeitig gesetzten Grenzen? Und wohin kann einen der Weg führen, wenn man entscheidende Lebensthemen hat lösen können?

Durch den Roman veranschaulicht die Autorin nicht nur diese Problematiken, sondern bietet im zweiten Teil eine psychoanalytische Draufsicht, Aussichten für Betroffene sowie Lösungsansätze. Ein unumgängliches Buch für jeden, der schon einmal an seinem Selbstwert zweifelte und hofft, einen soliden Weg zur eigenen, inneren Wertschätzung zu finden.

Weiß Du,
was Du mit Dir trägst?

*Eine Entscheidungshilfe
für Tattoo und Motiv*

Was für Wirkungen auf Dich und welche Auswirkungen auf Dein Leben kann eine Tätowierung haben? Wie weitreichend können Veränderungen, wie tief Seelenschmerzen sein, die eine unbedachte Tätowierung möglicherweise mit sich bringt? Wie wichtig sind die Auswahl des Motivs und des Tätowierers?

Antonia Katharina Tessnow ging durch die dunkle Erfahrung einer vorschnellen Entscheidung und obendrein eines schlecht gestochenen Tattoos. Fast zwei Jahre ihres Lebens kostete sie die Wiederherstellung ihres Armes, für den sie sich täglich schämte. Ihre Leidensgeschichte beschrieb sie in dem ersten Teil des Buches 'Tattoo - Laser - Cover Up - Wenn der Traum zum Albtraum wird'. Für alle, die hoffentlich nicht vor dem Lasern und Covern stehen, sondern vor der einmaligen Entscheidung zu einer neuen Tätowierung, veröffentlicht sie nun den erweiterten und überarbeiteten zweiten Teil und bietet damit allen Tattoo-Freudigen einen Ratgeber und eine Entscheidungshilfe.

‚Frage Dich, was Du mit Dir tragen willst, bevor Du Dir mit einer falschen Entscheidung eine Bürde auflastest, die Du zu tragen nicht vermagst.'

Kelten Kalender

Terminplaner
mit Baumkreis und Mondstand

jedes Jahr neu!

Das Keltentum ist seit jeher Quelle geistiger und seelischer Inspiration. Jeder, der sich zu der Geschichte, den Philosophien und der Lebensweise unserer Urahnen hingezogen fühlt, spürt in sich meist auch eine tiefe Verbundenheit mit der Natur. Immer mehr Menschen spüren eine große Sehnsucht nach eben dieser Verbundenheit, die über die Jahrhunderte hinweg, durch Überlagerung moderner Glaubenssätze, verloren ging.
Dieser Kalender soll dazu beitragen, dass das wunderbare Gefühl der Naturverbundenheit wieder zum Leben erwacht und sich weiter vertieft. Aus diesem Grund wird hier auf die alten keltischen Feiertage und den keltischen Baumkreis zurückgegriffen und damit auf uraltes Wissen, das aus einer Zeit hervorging, in der sich die Menschen noch als einen Teil der Natur wahrnahmen. Möge dieser Kalender ein wenig von dem alten, geheimnisvollen Wissen unserer Urahnen wachrufen und in unsere Erinnerung zurückholen; und wir damit in der Lage sein, das ursprüngliche Wissen unserer Vorväter, der Kelten, anzuzapfen.

CD s von Antonia Katharina Tessnow ausschließlich
erhältlich über *amazon.com*
Bücher sind in jedem Buchhandel erhältlich

HAIR

Alles über alternative Haarpflege

HAIR - Alles über alternative Haarpflege, ist ein heilpraktisches Sachbuch. Es gibt in den einleitenden Kapiteln einen Überblick über die Inhaltsstoffe in herkömmlichen Shampoos und Duschgels und wie schädlich synthetisch hergestellte Chemikalien in der täglichen Anwendung auf Haut und Haaren sind. Des weiteren wird auf die Langzeitschäden eingegangen, die sich durch den dauerhaften und wiederholten Kontakt mit diesen Chemikalien ergeben können.

Der Hauptteil des Buches zeigt Alternativen zu herkömmlichen Produkten auf, die leicht umzusetzen und anzuwenden sind. Es wird auf komplizierte Anwendungstechniken verzichtet und ganz gezielt die Einfachheit der Methoden betont und in den jeweiligen Anwendungsbeschreibungen dargelegt. Alle alternativen Methoden zur Haut- und Haarreinigung sind von mir persönlich im Selbstversuch getestet, für jeden Interessierten leicht nachvollziehbar und die entsprechenden reinigenden Substanzen leicht erhältlich.
Im letzten Teil des Buches wird auf die Lebensweise, die Ernährung, Öle, Haarbürsten und Tipps und Tricks eingegangen, die langfristig und nachhaltig für gesunde und volle Haare sowie für gesunde, vitale und frische Haut sorgen.

Ziel dieses Buches ist es, das Bewusstsein für den Umgang mit unserem Körper, unserer Umwelt und damit unserer Gesundheit zu schärfen.

Stille Nacht, Heilige Nacht

Erinnerungen an einen Heiligen Abend
in den letzten Tagen des zweiten Weltkriegs

eine Kurzgeschichte

Diese Geschichte
liegt in deutscher und Englischer Fassung vor.

Über das Buch:

1943. Es ist Weihnachten. Schon damals schrieben Kinder Tagebücher, um die unfassbaren Erlebnisse, die in Worten kaum wiederzugeben sind, festzuhalten. Die ältere Schwester von Antonia Katharinas Mutter ist neun Jahre alt, als sie durch ihre kindlichen Augen die Ereignisse einer Nacht beschreibt, die tiefe Eindrücke hinterlassen und niemanden unberührt lassen. Eine wunderbare Erinnerung daran, in was für friedlichen Zeiten wir heute leben dürfen.

Über die Autorin:

Antonia Katharina Tessnow ist die Tochter einer ehemals ostpreußischen Familie, die nach dem ersten Weltkrieg nach Deutschland kam. Ihre Großeltern ließen sich in Berlin nieder, mussten jedoch aus der Stadt fliehen, nachdem ihr Wohnhaus im letzten Jahr des zweiten Weltkrieges zerbombt und komplett zerstört wurde. Viele Jahre später kehrten sie nach Berlin zurück. Obwohl Antonia Katharina dort geboren ist, fühlte sie sich in dieser Stadt jedoch nie heimisch. Heute lebt sie auf dem Lande am Rande der Mecklenburgischen Schweiz.

CD s von Antonia Katharina Tessnow ausschließlich
erhältlich über *amazon.com*
Bücher sind in jedem Buchhandel erhältlich

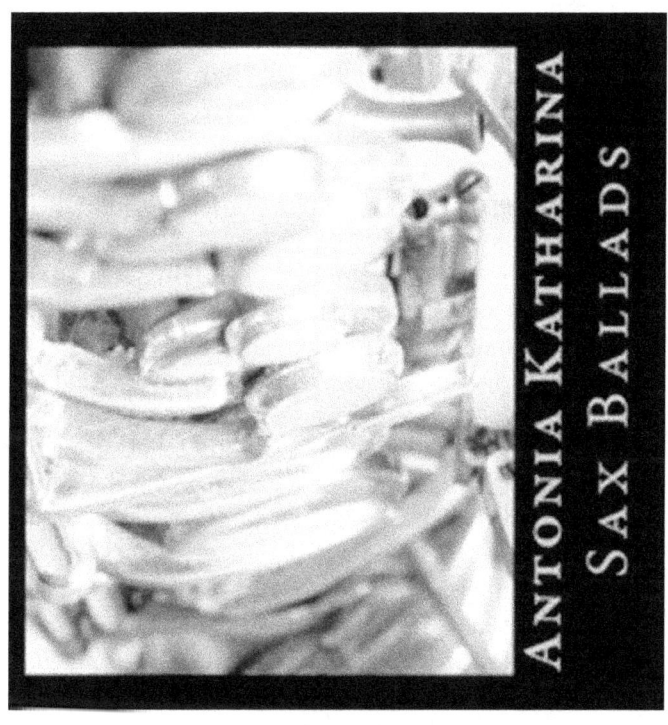

Tattoo – Laser – Cover Up

Wenn der Traum zum Albtraum wird

Sowohl das Tätowieren als auch das Lasern ist nicht nur ein Eingriff in deinen Körper, sondern auch in deine Persönlichkeit und dem daran gekoppelten Gefühl, dir selbst gegenüber. Tätowieren verändert einen Menschen; mitunter hat diese Veränderung weitreichende Folgen und hinterlässt tiefe Spuren in deiner Seele. Festzustellen, dass dir das langersehnte Tattoo nicht gefällt oder gar misslungen ist, ist zudem eine schmerzliche Erfahrung, für die es wenig Helfende und Mitfühlende gibt.

Dieses Büchlein soll nicht nur eine Hilfestellung für Betroffene sein, sondern auch die Gedanken derer anregen, die mit der Idee spielen, sich unter die Nadel zu legen. Nicht nur meine eigenen Erfahrungen rund um das Thema Tattoo – Laser – Cover Up sind hier offengelegt, sondern es wurde auch ein Blick in all die Seelenschmerzen und inneren Qualen gewährt, die mit solchen Erfahrungen verbunden sind.

Jede Krise enthält eine Chance, weswegen die Chinesen dafür ein und dasselbe Wort verwenden. Die Chancen dieser Krise sind die daraus entsprungenen, weiterführenden und sehr hilfreichen Gedanken sowie all die wichtigen Überlegungen zum Tätowieren allgemein, die dir hoffentlich helfen mögen und die du unbedingt anstellen solltest, *bevor* du eine Entscheidung triffst, die dich in jedem Fall für dein Leben zeichnen wird.

Astro Kalender

Planetenumlaufbahnen, Mondstände und Blanko-Chart für das eigene Horoskop

jedes Jahr neu!

Der Astro-Kalender dient als Wegweiser durch das Jahr und spricht nicht nur Astrologen, sondern auch alle Naturverbundenen an, die zu den Gezeiten und dem Umlauf der Gestirne eine Verbindung spüren. Somit dient dieser Kalender sowohl Hobby-, als auch professionellen Astrologen, die in ihrer Arbeit auf die Planetenstände und Sternzeitberechnungen der Ephemeriden zugreifen, als Leitfaden durch das Jahr. Zu Beginn ist ein Blanko-Radix eingefügt, um die persönlichen Sternstände oder ein entsprechendes Wunsch-Horoskop eintragen zu können. Weiterführend sind die Verläufe der einzelnen Planeten graphisch dargestellt und somit visuell auf einen Blick einsehbar. Zudem sind vor jedem Monat die entsprechenden Ephemeriden gelistet, sodass man den astronomischen Jahresverlauf immer bei sich hat. Der Übertritt der Sonne sowie des Mondes in die einzelnen Zeichen ist direkt an den entsprechenden Tagen im Kalender eingetragen. Möge dieser Kalender Hilfe und Erleichterung sein und all jenen nützen, die rund ums Jahr die planetarischen Einflüsse, denen wir unterworfen sind, im Blick haben möchten, um ihr Gespür auf diese Weise noch mehr zu verfeinern suchen und bisher auf umständliche Methoden der Sternzeitberechnungen zurückgreifen mussten.

Breakable - Zerbrechlich

Der Skandalroman aus Mecklenburg

Dieser Psychokrimi hat in der Region, in der es erschien, für so viel Wirbel gesorgt, dass sogar die Presse in die Geschichte eingestiegen ist. Anfeindungen, Intrigen und Klagen finden nicht nur im, sondern fanden auch um das Buch herum statt. Näheres ist einzulesen auf dem Blog

breakablezerbrechlich.wordpress.com

Klappentext:

Eine Frau aus der Stadt. Ein kleines Dorf. Eine alte Köhlerkate, traumhafte Umgebung und idyllische Umgebung. Nicolas Leben könnte nicht friedlicher sein. Eines Tages begegnet sie einem Bauern aus der Nachbarschaft. Es ist Liebe auf den ersten Blick. Als diese von dem Mann mit der unverwechselbaren Stimme auch noch erwidert wird, scheint ihre Welt perfekt.
Doch Nicolas Glück ist nur von kurzer Dauer. Trug und Lüge lauern hinter jeder Ecke. Gerade als sie beginnt, das Ausmaß des Bösen zu entdecken, tun sich Abgründe auf, in die sie niemals hätte schauen dürfen.

Nach einer wahren Begebenheit.

'In ihrem spannenden Roman voller überraschender Volten und psychologischer Abgründe begegnet der Leser Figuren, die er seit Langem zu kennen glaubt.'

Henrik Leschonski, Lektor

Nichts geschieht umsonst auf dieser Welt

der Fall
Breakable - Zerbrechlich
die Anhänge

Zwar gilt schon der Roman *Breakable - Zerbrechlich* als psychologisches Lehrstück, doch erst die Anhänge machen die ganze Bedeutungstiefe der Geschichte erfahrbar. Wie wichtig Selbstwert für das eigene Leben ist wird kaum irgendwo deutlicher als im Buch Breakable. Wie wichtig die Liebe zum eigenen Leben und zu sich selbst ist, kaum irgendwo nachvollziehbarer als in diesem Buch.

Antonia Katharina Tessnow gibt mit den Anhängen nicht nur Einblicke in die Hintergründe, sondern offenbart auch die psycho-logischen Zusammenhänge zwischen fehlendem Selbstwert und der daraus resultierenden Zerstörung des eigenen Lebens. Warum erlauben wir anderen das permanente überschreiten unserer Grenzen? Und warum ist es lebens-wichtig, unsere Grenzen zu wahren, den eigenen Wert zu erkennen und unser Potential zu entfalten?

Nichts geschieht umsonst auf dieser Welt eröffnet ganz neue Perspektiven, zeichnet Lösungswege und gibt Hoffnung. *'Liebe deinen Nächsten **wie dich selbst'*** bleibt somit kein leerer Satz, sondern wird zur gelebten Realität, sobald Deine Liebe nicht mehr nur die anderen, sondern auch Dich selbst meint.

Winston

Eine Pferdebuch-Trilogie für Jugendliche

*Der große Sammelband
mit allen 3 Bänden*

Ein Fohlen erblickt die Welt

Die große Show

Nichts ist unmöglich

Winston Band I

Ein Fohlen erblickt die Welt

Die zwölfjährige Juna, die durch tragische Ereignisse viel zu schnell erwachsen geworden und ihrem Alter weit voraus ist, wünscht sich nichts sehnlicher, als ihrem derzeitigen Leben zu entkommen. Durch die Tragik ihrer Lebensumstände findet sie unerwartet einen Verbündeten, der ihrem Leben plötzlich eine ganz neue Perspektive gibt. Das Schicksal stellt sie vor große Herausforderungen und sie begreift schnell, dass Glück und Unglück manchmal näher beieinander liegen, als erwartet.

Antonia Katharina Tessnow, ehemalige Berufsreiterin, trainierte in einem renommierten Sportstall in Schleswig-Holstein Dressurpferde aller Klassen, bevor sie ins Berliner Olympiastadion wechselte. Dort arbeitete sie 6 Jahre lang als Landesverbandstrainerin des Modernen Fünfkampfes, beritt die Verbandspferde und unterrichtete die Disziplin Springreiten. Die Autorin hat eine Pferdebuch-Trilogie geschaffen, die ergreifend, anrührend und authentisch zugleich ist. Winston ist nicht nur ein Buch für Pferdefreunde, sondern auch für all diejenigen, die nichts mit Pferden zu haben, sich aber gerne von packenden und herzerweichenden Geschichten zwischen Menschen und Tieren mitreißen lassen.

"Die Autorin schrieb dieses Buch mit Sachverstand, Empathie und Fantasie. Die spannende Geschichte ist nicht nur etwas für eine Pferdebegeisterte, sondern auch für mich, als ehemaliger Bereiterlehrling und Gruppenleiterin eines Kinderheims."
Marie-Louise Ludwig

Winston Band II

Die große Show

Juna hofft noch immer, irgendwann einmal einen Platz im Leben zu finden, der sicher ist. Während die große Show für viel Aufregung sorgt, entwickelt sich das alte Gestüt, in all seiner Friedlichkeit, nach und nach zum unvergesslichen Ort ihrer Sehnsucht und in ihren stillen Augenblicken gibt es nichts, was ihr fehlt.

Die ehemalige Berufsreiterin und Landesverbandstrainerin des Modernen Fünfkampfes, Antonia Katharina Tessnow, ist 1975 in West-Berlin geboren. Sie sehnte sich ihre ganze Kindheit und Jugend nach einem Leben auf dem Land, weg vom Lärm der bedrängenden Stadt, die an der Mauer endete und die für sie, als junges Mädchen, unüberwindbar war.
Sie hat eine Pferdebuch-Trilogie geschaffen, die nicht nur tief berührend und authentisch ist, sondern all die Sehnsucht nach Sicherheit und Heimat widerspiegelt, die sie selbst einst in sich trug. Winston ist nicht nur ein Buch für Jugendliche, Pferdefreunde, Kenner und Liebhaber, sondern auch für alle, die sich gern von herzerweichenden und anrührenden Geschichten des Lebens mitreißen lassen.

'Beim Lesen der Winston-Trilogie fühle ich mich in die Reiterzeit meiner Jugend zurück versetzt und erlebe durch die Bücher die Atmosphäre der Ställe, den Umgang mit den Pferden und das Flair des Reiterlebens wieder, als wäre ich dabei.'
Bettina Wild, Diensthundeführerin, Tierkommunikatorin und Leiterin des Projektes: Landschaftspflege mit Ziegen, Schafen und Alpakas.

Winston Band III

Nichts ist unmöglich

Juna begreift immer mehr, dass es die Sicherheit, nach der sie sich sehnt, im Leben nicht geben kann. Alles kann in jedem Augenblick anders sein, als erwartet. Sie versteht, dass die Welt der Pferde auch andere Seiten hat und nicht jeder Mensch die Tiere so sehr liebt, wie sie. Wird sie das Schlimmste verhindern können? Steht ein Abschied bevor? Wird Winston überleben?

Antonia Katharina Tessnow, ehemals Berufsreiterin und Ausbilderin, führt heute eine kleine Hundezucht der Schoßhunderasse Bolonka Zwetna und hat ihr Leben vollends den Tieren verschrieben, die sie über alles liebt. Winston, ihr letztes langjähriges Berittpferd in der Landesreitschule am Berliner Olympiastadion, sein einmaliger Charakter und seine leidvolle Geschichte, spiegeln sich in der Winston-Trilogie wider.

'Winston lehrte mich mehr über Menschlichkeit, Charakterstärke und Unduldsamkeit gegenüber Lieblosigkeiten aller Art, als jedes andere Wesen, dem ich je begegnet bin. Möge er in diesen, nach ihm benannten Büchern weiterleben, und möge die Botschaft seines Lebens nie verhallen.'
Antonia Katharina Tessnow

Copyright der Originalausgabe by
Antonia Katharina Tessnow

ALL RIGHTS RESERVED. No part of this book may be reproduced in any form or by any electronic or mechanical means including information storage and retrieval systems without permission in writing from the publisher, except by reviewers who may quote brief passages in a review.

www.ingramcontent.com/pod-product-compliance
Lightning Source LLC
Chambersburg PA
CBHW071201160426
43196CB00011B/2155